DAS LICHT DES GLAUBENS

DIE ENZYKLIKA
»LUMEN FIDEI«

PAPST FRANZISKUS

DAS LICHT DES GLAUBENS
DIE ENZYKLIKA
»LUMEN FIDEI«

Vollständige Ausgabe

Ökumenisch kommentiert von
Metropolit Augoustinos
Nikolaus Schneider
Erzbischof Robert Zollitsch

HERDER

FREIBURG · BASEL · WIEN

MIX
Papier aus verantwor-
tungsvollen Quellen
FSC® C106847

Für den Text der Enzyklika:
© Libreria Editrice Vaticana 2013

Für diese Ausgabe:
© Verlag Herder GmbH, Freiburg im Breisgau 2013
Alle Rechte vorbehalten
www.herder.de

Register: Jörg Nies
Satz: Barbara Herrmann, Freiburg
Herstellung: fgb · freiburger graphische betriebe
www.fgb.de

Printed in Germany

ISBN 978-3-451-33457-3

Inhalt

ENZYKLIKA
LUMEN FIDEI
von Papst Franziskus

5

KOMMENTARE

ANHANG

9

ENZYKLIKA

LUMEN FIDEI

von Papst Franziskus

an die Bischöfe,
an die Priester und Diakone,
an die gottgeweihten Personen
und an alle Christgläubigen
über den Glauben

1 Das Licht des Glaubens: Mit diesem Ausdruck hat
die Tradition der Kirche das große Geschenk bezeichnet, das Jesus gebracht hat, der im *Johannesevan-*
gelium über sich selber sagt: »Ich bin das Licht, das in
die Welt gekommen ist, damit jeder, der an mich
glaubt, nicht in der Finsternis bleibt« (*Joh* 12,46).
Auch der heilige Paulus drückt dies mit ähnlichen Worten aus: »Gott, der sprach: Aus Finsternis soll Licht auf-
leuchten!, er ist in unseren Herzen aufgeleuchtet« (*2 Kor*
4,6). In der heidnischen, lichthungrigen Welt hatte sich
der Kult für den Sonnengott *Sol invictus* entwickelt, der
beim Sonnenaufgang angerufen wurde. Auch wenn die
Sonne jeden Tag wiedergeboren wurde, verstand man
sehr wohl, dass sie nicht imstande war, ihr Licht über
das ganze Sein des Menschen auszustrahlen. Die Sonne
erleuchtet ja nicht die ganze Wirklichkeit, ihr Strahl
vermag nicht bis in den Schatten des Todes vorzudrin-
gen, dorthin, wo das menschliche Auge sich ihrem
Licht verschließt. »Niemals konnte jemand beobachtet
werden, der bereit gewesen wäre, für seinen Glauben
an die Sonne zu sterben«, sagt der heilige Märtyrer Justinus.[1] Im Bewusstsein des weiten Horizonts, den der

---

1   *Dialogus cum Tryphone Iudaeo* 121, 2: *PG* 6, 758.

Glaube ihnen eröffnete, nannten die Christen Christus die wahre Sonne, »deren Strahlen Leben schenken«.[2] Zu Martha, die über den Tod ihres Bruders Lazarus weint, sagt Jesus: »Habe ich dir nicht gesagt: Wenn du glaubst, wirst du die Herrlichkeit Gottes sehen?« (*Joh* 11,40). Wer glaubt, sieht; er sieht mit einem Licht, das die gesamte Wegstrecke erleuchtet, weil es vom auferstandenen Christus her zu uns kommt, dem Morgenstern, der nicht untergeht.

Ein trügerisches Licht?

2 Und doch können wir, wenn wir von diesem Licht des Glaubens sprechen, den Einwand vieler unserer Zeitgenossen hören. Mit dem Aufkommen der Neuzeit meinte man, ein solches Licht sei für die antiken Gesellschaften ausreichend gewesen, für die neuen Zeiten, den erwachsen gewordenen Menschen, der stolz ist auf seine Vernunft und die Zukunft auf neue Weise erforschen möchte, sei es jedoch nutzlos. In diesem Sinn erschien der Glaube als ein trügerisches Licht, das den Menschen hinderte, sich wagemutig auf die Ebene des Wissens zu begeben. Der junge Nietzsche forderte seine Schwester Elisabeth auf zu wagen, »in der Unsicherheit des selbständigen Gehens« »neue Wege« zu beschreiten. Und er

---

2   Clemens von Alexandrien, *Protrepticus* IX: *PG* 8, 195.

fügte hinzu: »Hier scheiden sich nun die Wege der Menschheit; willst du Seelenruhe und Glück erstreben, nun so glaube, willst du ein Jünger der Wahrheit sein, so forsche«.[3] Glauben stehe dem Suchen entgegen. Davon ausgehend entwickelte Nietzsche dann seine Kritik am Christentum, die Reichweite des menschlichen Seins verringert zu haben, indem es dem Leben Neuheit und Abenteuer genommen habe. Demnach wäre der Glaube gleichsam eine Licht-Illusion, die unseren Weg als freie Menschen in die Zukunft behindert.

3 In diesem Prozess wurde der Glaube am Ende mit der Dunkelheit in Verbindung gebracht. Man meinte, ihn bewahren zu können, einen Raum für ihn zu finden, um ihm ein Miteinander mit dem Licht der Vernunft zu ermöglichen. Der Raum für den Glauben öffnete sich da, wo die Vernunft kein Licht zu bringen vermochte, wo der Mensch keine Sicherheiten mehr erlangen konnte. So wurde der Glaube wie ein Sprung ins Leere verstanden, den wir aus Mangel an Licht vollziehen, getrieben von einem blinden Gefühl; oder wie ein subjektives Licht, das vielleicht das Herz zu erwärmen und einen persönlichen Trost zu bringen vermag, sich aber nicht den anderen als objektives und gemeinsames

---

3   *Brief an Elisabeth Nietzsche vom 11. Juni 1865,* in: Werke in drei Bänden, München 1954, 953f.

Licht zur Erhellung des Weges anbieten kann. Nach und nach hat sich jedoch gezeigt, dass das Licht der eigenständigen Vernunft nicht imstande ist, genügend Klarheit über die Zukunft zu vermitteln; sie verbleibt schließlich in ihrem Dunkel und lässt den Menschen in der Angst vor dem Unbekannten zurück. Und so hat der Mensch auf die Suche nach einem großen Licht, nach einer großen Wahrheit verzichtet, um sich mit kleinen Lichtern zu begnügen, die den kurzen Augenblick erhellen, doch unfähig sind, den Weg zu eröffnen. Wenn das Licht fehlt, wird alles verworren, und es ist unmöglich, das Gute vom Bösen, den Weg, der zum Ziel führt, von dem zu unterscheiden, der uns richtungslos immer wieder im Kreis gehen lässt.

Ein Licht, das wiederentdeckt werden muss

4 Darum ist es dringend, die Art von Licht wiederzugewinnen, die dem Glauben eigen ist, denn wenn seine Flamme erlischt, verlieren am Ende auch alle anderen Leuchten ihre Kraft. Das Licht des Glaubens besitzt nämlich eine ganz besondere Eigenart, da es fähig ist, das gesamte Sein des Menschen zu erleuchten. Um so stark zu sein, kann ein Licht nicht von uns selber ausgehen, es muss aus einer ursprünglicheren Quelle kommen, es muss letztlich von Gott kommen. Der Glaube keimt in der Begegnung mit dem lebendi-

gen Gott auf, der uns ruft und uns seine Liebe offenbart, eine Liebe, die uns zuvorkommt und auf die wir uns stützen können, um gefestigt zu sein und unser Leben aufzubauen. Von dieser Liebe verwandelt, empfangen wir neue Augen, erfahren wir, dass in ihr eine große Verheißung von Fülle liegt, und es öffnet sich uns der Blick in die Zukunft. Der Glaube, den wir von Gott als eine übernatürliche Gabe empfangen, erscheint als Licht auf dem Pfad, das uns den Weg weist in der Zeit. Einerseits kommt er aus der Vergangenheit, ist er das Licht eines grundlegenden Gedächtnisses, des Gedenkens des Lebens Jesu, in dem sich dessen absolut verlässliche Liebe gezeigt hat, die den Tod zu überwinden vermag. Da Christus aber auferstanden ist und über den Tod hinaus uns an sich zieht, ist der Glaube zugleich ein Licht, das von der Zukunft her kommt, vor uns großartige Horizonte eröffnet und uns über unser isoliertes Ich hinaus in die Weite der Gemeinschaft hineinführt. Wir begreifen also, dass der Glaube nicht im Dunkeln wohnt; dass er ein Licht für unsere Finsternis ist. Nachdem Dante in der *Göttlichen Komödie* vor dem heiligen Petrus seinen Glauben bekannt hat, beschreibt er ihn mit den Worten: »Dies ist der Funke, dies der Glut Beginn / die dann lebendig in mir aufgestiegen / der Stern, von welchem ich erleuchtet bin«.[4]

---

4   *Paradies* XXIV, 145–147.

Genau von diesem Licht des Glaubens möchte ich sprechen, damit es zunimmt und die Gegenwart erleuchtet, bis es ein Stern wird, der die Horizonte unseres Weges aufzeigt in einer Zeit, in der der Mensch des Lichtes ganz besonders bedarf.

5 Vor seinem Leiden hat der Herr dem Petrus versichert: »Ich habe für dich gebetet, dass dein Glaube nicht erlischt« (*Lk* 22,32). Und dann hat er ihm aufgetragen, in ebendiesem Glauben ›die Brüder zu stärken‹. Im Bewusstsein der Aufgabe, die dem Nachfolger Petri anvertraut ist, hat Benedikt XVI. dieses Jahr des Glaubens ausgerufen. Diese Zeit der Gnade hilft uns dabei, die große Freude im Glauben zu spüren und die Weite der Horizonte, die der Glaube erschließt, wieder kraftvoll wahrzunehmen, um ihn in seiner Einheit und Unversehrtheit zu bekennen in Treue zum Gedächtnis des Herrn und getragen durch seine Gegenwart und das Wirken des Heiligen Geistes. Die Überzeugung eines Glaubens, der das Leben groß macht und erfüllt, es auf Christus und die Kraft seiner Gnade hin ausrichtet, beseelte die Sendung der ersten Christen. In den Akten der Märtyrer steht dieser Dialog zwischen dem römischen Präfekten Rusticus und dem Christen Hierax: »Wo sind deine Eltern?«, fragte der Richter den Märtyrer, und dieser antwortete: »Unser wahrer Vater ist Christus und unsere Mutter der Glaube an

17

ihn«.[5] Für jene Christen war der Glaube als Begegnung mit dem in Christus offenbarten lebendigen Gott eine ›Mutter‹, denn er gebar sie, zeugte in ihnen das göttliche Leben, bewirkte eine neue Erfahrung, eine lichtvolle Sicht des Lebens, wofür man bereit war, öffentlich Zeugnis zu geben bis zum Äußersten.

6 Das Jahr des Glaubens begann am fünfzigsten Jahrestag der Eröffnung des Zweiten Vatikanischen Konzils. Dieses Zusammentreffen verhilft uns zu der Einsicht, dass das Zweite Vatikanum ein Konzil über den Glauben war,[6] insofern es uns aufgefordert hat, den Vorrang Gottes in Christus wieder zum Zentrum unseres kirchlichen und persönlichen Lebens zu machen. Die Kirche setzt den Glauben nämlich niemals als etwas Selbstverständliches voraus, sondern weiß, dass dieses Geschenk Gottes genährt und gestärkt werden muss, damit es weiterhin ihren Weg lenkt. Das

---

5   *Acta Sanctorum, Bollandistae,* Junii, I, 21.

6   »Wenn das Konzil auch nicht ausdrücklich vom Glauben handelt, so spricht es von ihm doch auf jeder Seite, erkennt seinen lebenswichtigen und übernatürlichen Charakter an, setzt ihn als unverkürzt und stark voraus und baut auf ihm seine Lehren auf. Es würde genügen, sich die Konzilsaussagen ins Gedächtnis zu rufen […], um sich der wesentlichen Bedeutung bewusst zu werden, die das Konzil in Übereinstimmung mit der Lehrüberlieferung der Kirche dem Glauben beimisst – dem wahren Glauben, dessen Quelle Christus und dessen Kanal das Lehramt der Kirche ist« (Paul VI., Generalaudienz, 8. März 1967: *Insegnamenti* V [1967], 705).

Zweite Vatikanische Konzil hat den Glauben innerhalb der menschlichen Erfahrung erstrahlen lassen und ist so die Wege des heutigen Menschen gegangen. Auf diese Weise ist sichtbar geworden, wie der Glaube das menschliche Leben in allen seinen Dimensionen bereichert.

7 Diese Gedanken über den Glauben möchten – in Kontinuität mit all dem, was das Lehramt der Kirche über diese theologale Tugend ausgesagt hat[7] – eine Ergänzung zu dem sein, was Benedikt XVI. in den Enzykliken über die Liebe und die Hoffnung geschrieben hat. Er hatte eine erste Fassung einer Enzyklika über den Glauben schon nahezu fertiggestellt. Dafür bin ich ihm zutiefst dankbar. In der Brüderlichkeit in Christus übernehme ich seine wertvolle Arbeit und ergänze den Text durch einige weitere Beiträge. Der Nachfolger Petri ist ja gestern, heute und morgen immer aufgerufen, ›die Brüder zu stärken‹ in jenem unermesslichen Gut des Glaubens, das Gott jedem Menschen als Licht für seinen Weg schenkt.

Im Glauben – der ein Geschenk Gottes ist, eine übernatürliche Tugend, die er uns eingießt – erkennen wir, dass uns eine große Liebe angeboten und ein gutes

---

7 Vgl. z. B. Erstes Vatikanisches Konzil, Dogmatische Konstitution über den katholischen Glauben *Dei Filius,* 3. Kap.: DS 3008–3020; Zweites Vatikanisches Konzil, Dogmatische Konstitution über die göttliche Offenbarung *Dei Verbum, 5; Katechismus der Katholischen Kirche,* 15–165.

Wort zugesprochen wurde und dass wir, wenn wir dieses Wort – Jesus Christus, das Mensch gewordene Wort – aufnehmen, durch den Heiligen Geist verwandelt werden; er erhellt den Weg in die Zukunft und lässt uns die Flügel der Hoffnung wachsen, um diesen Weg freudig zurückzulegen. Glaube, Hoffnung und Liebe bilden in wunderbarer Verflechtung die Dynamik des christlichen Lebens auf die volle Gemeinschaft mit Gott hin. Wie ist dieser Weg, den der Glaube vor uns auftut? Woher kommt sein mächtiges Licht, das den Weg eines gelungenen, überaus fruchtbaren Lebens zu erleuchten vermag?

ERSTES KAPITEL

WIR HABEN DIE LIEBE GLÄUBIG ANGENOMMEN
(vgl. *1 Joh* 4,16)

Abraham, unser Vater im Glauben

8 Der Glaube öffnet uns den Weg und begleitet unsere Schritte in der Geschichte. Darum müssen wir, wenn wir verstehen wollen, was der Glaube ist, seinen Verlauf beschreiben, den zuerst im Alten Testament bezeugten Weg der gläubigen Menschen. Ein außergewöhnlicher Platz kommt dabei dem Abraham zu, unserem Vater im Glauben. In seinem Leben ereignet sich etwas Überwältigendes: Gott richtet sein Wort an ihn, er offenbart sich als ein Gott, der redet und ihn beim Namen ruft. Der Glaube ist an das Hören gebunden. Abraham sieht Gott nicht, aber er hört seine Stimme. Auf diese Weise nimmt der Glaube einen persönlichen Charakter an. Gott erweist sich so nicht als der Gott eines Ortes und auch nicht als der Gott, der an eine bestimmte heilige Zeit gebunden ist, sondern als der Gott einer Person, eben als der Gott Abrahams, Isaaks und Jakobs, der fähig ist, mit dem Menschen in Kontakt zu

treten und einen Bund mit ihm zu schließen. Der Glaube ist die Antwort auf ein Wort, das eine persönliche Anrede ist, auf ein Du, das uns bei unserem Namen ruft.

9 Die Aussage dieses Wortes an Abraham besteht in einem Ruf und einer Verheißung. Zuallererst ist es ein Ruf, aus dem eigenen Land auszuziehen, eine Aufforderung, sich einem neuen Leben zu öffnen, der Anfang eines Auszugs, der ihn auf eine unerwartete Zukunft unterwegs sein lässt. Die Sicht, die der Glaube dem Abraham verleiht, wird dann immer mit diesem zu vollziehenden Schritt nach vorn verbunden sein: Der Glaube ›sieht‹ in dem Maße, in dem er vorangeht und in den Raum eintritt, den das Wort Gottes aufgetan hat. Dieses Wort enthält außerdem eine Verheißung: Deine Nachkommen werden zahlreich sein, du wirst Vater eines großen Volkes sein (vgl. *Gen* 13,16; 15,5; 22,17). Es ist wahr, dass der Glaube Abrahams, insofern er Antwort auf ein vorangegangenes Wort ist, immer ein Akt der Erinnerung sein wird. Doch legt dieses Erinnern nicht auf die Vergangenheit fest, sondern wird, da es Erinnerung an eine Verheißung ist, fähig, auf Zukunft hin zu öffnen, die Schritte auf dem Weg zu erleuchten. So wird sichtbar, dass der Glaube als Erinnerung an die Zukunft – *memoria futuri* – eng mit der Hoffnung verbunden ist.

10 Von Abraham wird verlangt, sich diesem Wort anzuvertrauen. Der Glaube begreift, dass das Wort, eine scheinbar flüchtige, vorübergehende Wirklichkeit, wenn es vom treuen Gott ausgesprochen wird, das Sicherste und Unerschütterlichste wird, was es geben kann, das, was die Kontinuität unseres Weges in der Zeit ermöglicht. Der Glaube nimmt dieses Wort wie einen sicheren Felsen, auf dem man mit festen Fundamenten bauen kann. Darum wird in der Bibel der Glaube mit dem hebräischen Wort 'emûnah bezeichnet, das von dem Verb 'amàn abgeleitet ist, welches in seiner Wurzel ›stützen, tragen‹ bedeutet. Der Begriff 'emûnah kann sowohl für die Treue Gottes als auch für den Glauben des Menschen stehen. Der gläubige Mensch empfängt seine Kraft aus der vertrauensvollen Selbstübergabe in die Hände des treuen Gottes. Diese zwei Bedeutungen liegen auch den entsprechenden Begriffen in Griechisch (pistós) und in Latein (fidelis) zugrunde. Damit spielt der heilige Cyrill von Jerusalem, wenn er die Würde des Christen rühmt, der Gottes eigenen Namen empfängt, und beide jeweils pistós – treu bzw. gläubig – genannt werden.[8] Der heilige Augustinus erklärt das so: »Der Mensch ist gläubig (fidelis), indem er dem verheißenden Gott glaubt; Gott ist treu (fidelis),

---

8   Vgl. *Katechese* V, 1: *PG* 33, 505A.

indem er gewährt, was er dem Menschen versprochen hat.«[9]

11 Ein letzter Aspekt der Geschichte Abrahams ist wichtig, um seinen Glauben zu verstehen. Auch wenn das Wort Gottes Neuheit und Überraschung mit sich bringt, liegt es durchaus nicht außerhalb des Erfahrungsbereichs des Patriarchen. In der Stimme, die sich an ihn wendet, erkennt Abraham einen tiefen Ruf, der von jeher in das Innerste seines Seins eingeschrieben ist. Gott verbindet seine Verheißung mit dem Punkt, an dem das Leben des Menschen sich von alters her hoffnungsvoll zeigt: mit der Elternschaft, dem Werden eines neuen Lebens – »Deine Frau Sara wird dir einen Sohn gebären, und du sollst ihn Isaak nennen« (*Gen* 17,19). Der Gott, der von Abraham verlangt, sich ihm völlig anzuvertrauen, erweist sich als die Quelle, aus der alles Leben kommt. Auf diese Weise verbindet sich der Glaube mit der Vaterschaft Gottes, aus der die Schöpfung hervorgeht: Der Gott, der Abraham ruft, ist der Schöpfergott, derjenige, der »das, was nicht ist, ins Dasein ruft« (*Röm* 4,17), derjenige, der »uns erwählt [hat] vor der Erschaffung der Welt« und uns »dazu bestimmt [hat], seine Söhne zu werden« (*Eph* 1,4–5). Für Abraham erhellt der Glaube

---

9 *In Psal.* 32, II, s. I, 9: *PL* 36, 284.

an Gott die tiefsten Wurzeln seines Seins, erlaubt ihm, die Quelle des Guten zu erkennen, die der Ursprung aller Dinge ist, und gibt ihm die Bestätigung, dass sein Leben nicht vom Nichts oder vom Zufall ausgeht, sondern auf eine persönliche Berufung und Liebe zurückzuführen ist. Der geheimnisvolle Gott, der ihn gerufen hat, ist nicht ein fremder Gott, sondern derjenige, der Ursprung von allem ist und alles erhält. Die große Glaubensprüfung Abrahams, das Opfer seines Sohnes Isaak, zeigt dann, bis zu welchem Punkt diese ursprüngliche Liebe fähig ist, für das Leben auch über den Tod hinaus zu bürgen. Das Wort, das imstande war, in seinem ›erstorbenen‹ Leib und dem ebenso ›erstorbenen‹ Mutterschoß der unfruchtbaren Sara einen Sohn hervorzubringen (vgl. *Röm* 4,19), wird auch imstande sein, jenseits aller Bedrohung oder Gefahr für die Verheißung einer Zukunft zu bürgen (vgl. *Hebr* 11,19; *Röm* 4,21).

Der Glaube Israels

12 Die Geschichte des Volkes Israel setzt sich im Buch *Exodus* auf der Linie des Glaubens Abrahams fort. Wieder geht der Glaube aus einer ursprünglichen Gabe hervor: Israel öffnet sich dem Handeln Gottes, der es aus seinem Elend befreien will. Der Glaube wird auf eine lange Wanderung gerufen,

um den Herrn auf dem Sinai anbeten zu können und ein verheißenes Land zu erben. Die göttliche Liebe besitzt die Eigenschaft des Vaters, der seinen Sohn auf dem Weg trägt (vgl. *Dtn* 1,31). Das Glaubensbekenntnis Israels entfaltet sich in Form einer Erzählung der Wohltaten Gottes, seines Handelns, um das Volk zu befreien und zu führen (vgl. *Dtn* 26,5–11) – einer Erzählung, die das Volk von Generation zu Generation weitergibt. Das Licht Gottes leuchtet für Israel durch das Gedächtnis der vom Herrn vollbrachten Taten, die im Gottesdienst in Erinnerung gerufen und bekannt und von den Eltern an die Kinder weitergegeben werden. Daraus ersehen wir, dass das Licht, das der Glaube bringt, an die konkrete Erzählung des Lebens, an das dankbare Gedenken der Wohltaten Gottes und an die fortschreitende Erfüllung seiner Verheißungen gebunden ist. Das hat die gotische Architektur sehr gut zum Ausdruck gebracht: In die großen Kathedralen dringt das Licht vom Himmel her durch die Glasfenster ein, in denen die heilige Geschichte dargestellt ist. Das Licht Gottes kommt zu uns durch die Erzählung seiner Offenbarung und kann so unseren Weg in der Zeit erhellen, indem es an die göttlichen Wohltaten erinnert und zeigt, wie seine Verheißungen sich erfüllen.

13 Die Geschichte Israels zeigt uns außerdem die Versuchung des Unglaubens, der das Volk mehrmals verfällt. Das Gegenteil des Glaubens erscheint hier als Götzendienst. Während Mose auf dem Sinai mit Gott spricht, erträgt das Volk das Geheimnis des verborgenen Antlitzes Gottes nicht, es erträgt nicht die Wartezeit. Von seiner Natur her verlangt der Glaube, auf den unmittelbaren Besitz zu verzichten, den die Vision anzubieten scheint – es ist eine Einladung, sich der Quelle des Lichtes zu öffnen, indem man das Geheimnis eines Angesichts respektiert, das sich auf persönliche Weise und zum richtigen Zeitpunkt offenbaren will. Martin Buber zitiert die Worte, mit denen der Rabbiner von Kotzk den Götzendienst definierte: »Wenn ein Mensch ein Gesicht macht vor einem Gesicht, das kein Gesicht ist, das ist Götzendienst.«[10] Anstelle des Glaubens an Gott zieht man vor, den Götzen anzubeten, dem man ins Gesicht blicken kann, dessen Herkunft bekannt ist, weil er von uns gemacht ist. Vor dem Götzen geht man nicht das mögliche Risiko eines Rufes ein, der einen aus den eigenen Sicherheiten herausholt, denn die Götzen »haben einen Mund und reden nicht« (*Ps* 115,5). So begreifen wir, dass der Götze ein Vorwand ist, sich selbst ins Zentrum der Wirklichkeit zu setzen, in der Anbetung des Werkes

---

10 *Die Erzählungen der Chassidim,* Zürich 1949, 793.

der eigenen Hände. Wenn der Mensch die Grundorientierung verloren hat, die seinem Leben Einheit verleiht, verliert er sich in der Vielfalt seiner Wünsche; indem er sich weigert, auf die Zeit der Verheißung zu warten, zerfällt er in die tausend Augenblicke seiner Geschichte. Darum ist der Götzendienst immer Polytheismus, eine ziellose Bewegung von einem Herrn zum andern. Der Götzendienst bietet nicht einen Weg, sondern eine Vielzahl von Pfaden, die, anstatt zu einem sicheren Ziel zu führen, vielmehr ein Labyrinth bilden. Wer sich nicht Gott anvertrauen will, muss die Stimmen der vielen Götzen hören, die ihm zurufen: ›Vertraue dich mir an!‹ Der Glaube ist, insofern er an die Umkehr gebunden ist, das Gegenteil des Götzendienstes und heißt, sich von den Götzen loszusagen, um zum lebendigen Gott zurückzukehren durch eine persönliche Begegnung. Glauben bedeutet, sich einer barmherzigen Liebe anzuvertrauen, die stets annimmt und vergibt, die das Leben trägt und ihm Richtung verleiht und die sich mächtig erweist in ihrer Fähigkeit zurechtzurücken, was in unserer Geschichte verdreht ist. Der Glaube besteht in der Bereitschaft, sich immer neu vom Ruf Gottes verwandeln zu lassen. Das ist das Paradox: In der immer neuen Hinwendung zum Herrn findet der Mensch einen sicheren Weg, der ihn vom Hang zur Zerstreuung befreit, dem ihn die Götzen unterwerfen.

14 Im Glauben Israels erscheint auch die Figur
des Mose, des Mittlers. Das Volk kann das Angesicht Gottes nicht sehen; Mose kommt die Aufgabe
zu, auf dem Berg mit JHWH zu sprechen und allen den
Willen des Herrn mitzuteilen. Mit dieser Präsenz des
Mittlers hat Israel gelernt, in Einheit seinen Weg zu gehen. Der Glaubensakt des Einzelnen gliedert sich in
eine Gemeinschaft ein, in das gemeinsame Wir des Volkes, das im Glauben wie ein einziger Mensch ist, ›mein
erstgeborener Sohn‹, wie Gott ganz Israel nennt (vgl. *Ex*
4,22). Die Vermittlung wird hier nicht ein Hindernis,
sondern eine Öffnung: In der Begegnung mit den anderen öffnet sich der Blick auf eine Wahrheit, die größer
ist als wir selbst. Jean Jacques Rousseau beklagte sich,
Gott nicht persönlich sehen zu können: »Wie viele
Menschen zwischen Gott und mir!«[11] »Ist es so einfach
und natürlich, dass Gott zu Mose gegangen ist, um mit
Jean Jacques Rousseau zu sprechen?«[12] Von einem indi-
vidualistischen und begrenzten Verständnis der Erkenntnis her kann man den Sinn der Vermittlung
nicht verstehen, diese Fähigkeit, an der Sicht des anderen teilzuhaben, ein Mit-Wissen, welches das ganz eigene Wissen der Liebe ist. Der Glaube ist eine unent-
geltliche Gabe Gottes, welche die Demut und den Mut

---

11   *Émile,* Paris 1966, 387.

12   *Lettre à Christophe de Beaumont (1793),* Lausanne 1993, 110.

verlangt, zu vertrauen und sich anzuvertrauen, um den lichtvollen Weg der Begegnung zwischen Gott und den Menschen zu sehen, die Heilsgeschichte.

Die Fülle des christlichen Glaubens

15 »Abraham jubelte, weil er meinen Tag sehen sollte. Er sah ihn und freute sich« (*Joh* 8,56). Diesen Worten Jesu zufolge war der Glaube Abrahams auf ihn hin ausgerichtet, war er in gewissem Sinne eine Voraussicht seines Mysteriums. So versteht es der heilige Augustinus, wenn er sagt, dass die Patriarchen durch den Glauben gerettet wurden – nicht durch einen Glauben an den bereits gekommenen Christus, sondern durch einen Glauben an den kommenden Christus, einen Glauben, der sich dem zukünftigen Ereignis Jesu entgegenstreckt.[13] Der christliche Glaube hat seinen Mittelpunkt in Christus; er ist das Bekenntnis, dass Jesus der Herr ist und dass Gott ihn von den Toten auferweckt hat (vgl. *Röm* 10,9). Alle Linien des Alten Testaments laufen in Christus zusammen; er wird das endgültige Ja zu allen Verheißungen, das Fundament unseres abschließenden ›Amen‹ zu Gott (vgl. *2 Kor* 1,20). Die Geschichte Jesu ist der vollkommene Erweis der Verlässlichkeit Gottes. Wenn Israel der großen

---

13 Vgl. *In Ioh. Evang.* 45, 9: *PL* 35, 1722–1723.

Taten der Liebe Gottes gedachte, die das Eigentliche seines Bekenntnisses bildeten und ihm die Augen des Glaubens auftaten, erscheint nun das Leben Jesu wie der Ort des endgültigen Eingreifens Gottes, als der äußerste Ausdruck seiner Liebe zu uns. Was Gott uns in Jesus zuspricht, ist nicht ein weiteres Wort unter vielen anderen, sondern sein ewiges Wort (vgl. *Hebr* 1,1–2). Es gibt keine größere Garantie, die Gott geben könnte, um uns seiner Liebe zu versichern, wie der heilige Paulus uns in Erinnerung ruft (vgl. *Röm* 8,31–39). Der christliche Glaube ist also ein Glaube an die vollkommene Liebe, an ihre wirkungsvolle Macht, an ihre Fähigkeit, die Welt zu verwandeln und die Zeit zu erhellen. »Wir haben die Liebe, die Gott zu uns hat, erkannt und gläubig angenommen« (*1 Joh* 4,16a). Der Glaube begreift in der in Jesus offenbarten Liebe Gottes das Fundament, auf dem die Wirklichkeit und ihre letzte Bestimmung gründen.

16 Der äußerste Beweis für die Verlässlichkeit der Liebe Christi findet sich in seinem Tod für den Menschen. Wenn der stärkste Beweis für die Liebe darin liegt, sein Leben für die Freunde hinzugeben (vgl. *Joh* 15,13), so hat Jesus das seine für alle geopfert, auch für diejenigen, die Feinde waren, um auf diese Weise die Herzen zu verwandeln. Deshalb haben die Evangelisten den Höhepunkt der Sicht des Glaubens

in die Stunde des Kreuzes gelegt, denn in dieser Stunde erstrahlt die Größe und Weite der göttlichen Liebe. Der heilige Johannes setzt an diese Stelle, da er gemeinsam mit der Mutter Jesu auf den blickte, den sie durchbohrt haben (vgl. *Joh* 19,37), sein feierliches Zeugnis: »Und der, der es gesehen hat, hat es bezeugt, und sein Zeugnis ist wahr. Und er weiß, dass er Wahres berichtet, damit auch ihr glaubt« (*Joh* 19,35). F. M. Dostojewski lässt in seinem Werk *Der Idiot* den Protagonisten, den Fürsten Myschkin, beim Anblick des Gemäldes des toten Christus im Grab von Hans Holbein dem Jüngeren sagen: »Aber beim Anblick dieses Bildes kann ja mancher Mensch seinen Glauben verlieren«.[14] Das Gemälde stellt nämlich auf sehr drastische Weise die zerstörende Wirkung des Todes auf den Leichnam Christi dar. Und doch wird gerade in der Betrachtung des Todes Jesu der Glaube gestärkt und empfängt ein strahlendes Licht, wenn er sich als ein Glaube an Jesu unerschütterliche Liebe zu uns erweist, die fähig ist, in den Tod zu gehen, um uns zu retten. An diese Liebe, die sich dem Tod nicht entzogen hat, um zu zeigen, wie sehr sie mich liebt, kann man glauben; ihre Totalität ist über jeden Verdacht erhaben und erlaubt uns, uns Christus voll anzuvertrauen.

---

14   Teil II, IV.22.

17 Nun offenbart jedoch der Tod Christi die völlige Verlässlichkeit der Liebe Gottes im Licht seiner Auferstehung. Als Auferstandener ist Christus zuverlässiger, glaubwürdiger Zeuge (vgl. *Offb* 1,5; *Hebr* 2,17), eine feste Stütze für unseren Glauben. »Wenn aber Christus nicht auferweckt worden ist, dann ist euer Glaube nutzlos«, sagt der heilige Paulus (*1 Kor* 15,17). Wenn die Liebe des Vaters Jesus nicht von den Toten hätte auferstehen lassen, wenn sie nicht vermocht hätte, seinem Leib wieder Leben zu geben, dann wäre sie keine vollkommen verlässliche Liebe, die in der Lage wäre, auch das Dunkel des Todes zu erhellen. Wenn der heilige Paulus von seinem neuen Leben in Christus spricht, bezieht er sich auf den »Glauben an den Sohn Gottes, der mich geliebt und sich für mich hingegeben hat« (*Gal* 2,20). Dieser ›Glaube an den Sohn Gottes‹ ist sicherlich der Glaube des Völkerapostels an Jesus, doch er setzt auch die Verlässlichkeit Jesu voraus, die sich zwar auf seine Liebe bis in den Tod gründet, aber auch darauf, dass er Sohn Gottes ist. Gerade weil Jesus der Sohn ist, weil er ganz im Vater verwurzelt ist, hat er den Tod überwinden und das Leben in Fülle erstrahlen lassen können. Unsere Kultur hat die Wahrnehmung dieser konkreten Gegenwart Gottes, seines Handelns in der Welt, verloren. Wir meinen, Gott befinde sich nur jenseits, auf einer anderen Ebene der Wirklichkeit, getrennt von unseren konkreten Bezie-

hungen. Wenn es aber so wäre, wenn Gott unfähig wäre, in der Welt zu handeln, wäre seine Liebe nicht wirklich mächtig, nicht wirklich real und wäre folglich nicht einmal eine wahre Liebe, die das Glück zu vollbringen vermag, das sie verspricht. Dann wäre es völlig gleichgültig, ob man an ihn glaubt oder nicht. Die Christen bekennen dagegen die konkrete und mächtige Liebe Gottes, der wirklich in der Geschichte handelt und ihr endgültiges Los bestimmt – eine Liebe, der man begegnen kann, die sich im Leiden und Sterben und in der Auferstehung Christi vollends offenbart hat.

18 Zur Fülle, in die Jesus den Glauben führt, gehört ein weiterer entscheidender Aspekt. Im Glauben ist Christus nicht nur der, an den wir glauben, die größte Offenbarung der Liebe Gottes, sondern auch der, mit dem wir uns verbinden, um glauben zu können. Der Glaube blickt nicht nur auf Jesus, sondern er blickt vom Gesichtspunkt Jesu aus, sieht mit seinen Augen: Er ist eine Teilhabe an seiner Sichtweise. In vielen Lebensbereichen vertrauen wir uns anderen Menschen an, die mehr Sachverständnis besitzen als wir. Wir haben Vertrauen zu dem Architekten, der unser Haus baut, zu dem Apotheker, der uns das Medikament zur Heilung anbietet, zu dem Rechtsanwalt, der uns vor Gericht verteidigt. Wir brauchen auch einen, der glaubwürdig ist und kundig in den Dingen Gottes. Jesus, der

Sohn Gottes, bietet sich als derjenige an, der uns Gott ›erklärt‹ (vgl. *Joh* 1,18). Das Leben Christi, seine Weise, den Vater zu kennen, völlig in der Beziehung zu ihm zu leben, öffnet der menschlichen Erfahrung einen neuen Raum, und wir können in ihn eintreten. Der heilige Johannes hat die Bedeutung der persönlichen Beziehung zu Jesus für unseren Glauben durch einen unterschiedlichen Gebrauch des Verbs *glauben* ausgedrückt. Zusammen mit der Rede von ›glauben, dass‹ wahr ist, was Jesus uns sagt (vgl. *Joh* 14,10; 20,31), spricht Johannes auch von ›ihm [Jesus] glauben‹ und ›an ihn glauben‹: Wir ›glauben Jesus‹, wenn wir sein Wort und sein Zeugnis annehmen, weil er glaubhaft ist (vgl. *Joh* 6,30). Wir ›glauben an Jesus‹, wenn wir ihn persönlich in unser Leben aufnehmen und uns ihm anvertrauen, indem wir ihm zustimmen in der Liebe und unterwegs seinen Spuren folgen (vgl. *Joh* 2,11; 6,47; 12,44).

Damit wir ihn kennen und aufnehmen und ihm folgen können, hat der Sohn Gottes unser Fleisch angenommen, und so hat er den Vater auch auf menschliche Weise gesehen, über einen Werdegang und einen Weg in der Zeit. Der christliche Glaube ist Glaube an die Inkarnation des Wortes und an die Auferstehung des Fleisches; es ist der Glaube an einen Gott, der uns so nahe geworden ist, dass er in unsere Geschichte eingetreten ist. Der Glaube an den in Jesus Mensch gewordenen Sohn Gottes trennt uns nicht von der Wirklichkeit, sondern erlaubt uns, ihren tieferen Grund zu erfassen und zu entdecken, wie sehr Gott diese Welt liebt und sie unaufhörlich auf sich hin ausrichtet. Und dies führt den Christen dazu, sich darum zu bemühen, den Weg auf Erden in noch intensiverer Weise zu leben.

Das Heil durch den Glauben

19 Von dieser Teilhabe an der Sichtweise Jesu ausgehend hat uns der Apostel Paulus in seinen Schriften eine Beschreibung des Lebens aus dem Glauben hinterlassen. In der Annahme des Geschenks des Glaubens wird der Gläubige in eine neue Schöpfung verwandelt. Er empfängt ein neues Sein, ein Sein als Kind Gottes, er wird Sohn im Sohn. ›Abba, Vater‹ ist der Ausruf, der die Erfahrung Jesu am besten kennzeichnet und der zur Mitte christlicher Erfahrung wird (vgl. *Röm* 8,15). Das Leben im Glauben heißt, insofern es Gotteskindschaft ist, das ursprüngliche und tief greifende Geschenk anerkennen, auf dem das menschliche Leben beruht, und kann in dem Satz des heiligen Paulus an die Korinther zusammengefasst werden: »Was hast du, das du nicht empfangen hättest?« (*1 Kor* 4,7). Genau hier ist die Mitte der Polemik des heiligen Paulus gegen die Pharisäer angesiedelt, die Diskussion über das Heil durch den Glauben oder durch die Werke des Gesetzes. Was der heilige Paulus verwirft, ist die Hal-

tung dessen, der sich durch sein eigenes Handeln selbst vor Gott rechtfertigen will. Auch wenn er die Gebote befolgt, auch wenn er gute Werke vollbringt, setzt er sich selber ins Zentrum und erkennt nicht an, dass der Ursprung des Guten Gott ist. Wer so handelt, wer selbst die Quelle seiner Gerechtigkeit sein will, erlebt, dass sie sich bald erschöpft, und entdeckt, dass er sich nicht einmal in der Treue zum Gesetz halten kann. Er schließt sich ein und isoliert sich vom Herrn und den anderen, und darum wird sein Leben leer, werden seine Werke fruchtlos wie ein Baum fern vom Wasser. Der heilige Augustinus drückt das in seiner bündigen und wirkungsvollen Sprache so aus: »Ab eo qui fecit te noli deficere nec ad te« – »Von dem, der dich gemacht hat, entferne dich nicht einmal, um zu dir zu gehen.«[15] Wenn der Mensch meint, zu sich selber zu finden, indem er sich von Gott entfernt, dann scheitert sein Leben (vgl. *Lk* 15,11–24). Der Anfang des Heiles ist das Sich-Öffnen für etwas Vorausgehendes, für eine ursprüngliche Gabe, die das Leben bekräftigt und im Sein bewahrt. Nur wenn man sich diesem Ursprung öffnet und ihn anerkennt, vermag man verwandelt zu werden, indem man zulässt, dass das Heil in uns wirkt und so unser Leben fruchtbar, reich an guten Früchten macht. Das Heil durch den Glauben besteht in der Anerkennung

---

15 *De continentia* 4,11: *PL* 40, 356.

des Vorrangs der Gabe Gottes, wie der heilige Paulus zusammenfasst: »Denn aus Gnade seid ihr durch den Glauben gerettet, nicht aus eigener Kraft – Gott hat es geschenkt« (*Eph* 2,8).

20 Die neue Logik des Glaubens ist auf Christus hin ausgerichtet. Der Glaube an Christus rettet uns, denn in ihm öffnet sich das Leben völlig für eine Liebe, die uns vorausgeht und uns von innen her verwandelt, die in uns und mit uns wirkt. Das erscheint deutlich in der Auslegung, die der Völkerapostel zu einem Text aus dem Buch *Deuteronomium* macht und die sich in die tiefste Dynamik des Alten Testaments einfügt. Mose sagt zum Volk, dass Gottes Gebot weder zu hoch noch zu weit entfernt für den Menschen ist. Man darf nicht sagen: »Wer steigt für uns in den Himmel hinauf und holt es herunter?« oder »Wer fährt für uns über das Meer und holt es herüber?« (vgl. *Dtn* 30,11–14). Diese Nähe des Wortes Gottes wird von Paulus dahingehend gedeutet, dass es auf die Gegenwart Christi im Christen bezogen ist. »Sag nicht in deinem Herzen: Wer wird in den Himmel hinaufsteigen? Das hieße: Christus herabholen. Oder: Wer wird in den Abgrund hinabsteigen? Das hieße: Christus von den Toten heraufführen« (*Röm* 10,6–7). Christus ist auf die Erde herabgestiegen und von den Toten auferstanden. Mit seiner Menschwerdung und Auferstehung hat der

Sohn Gottes den ganzen Weg des Menschen umfasst und wohnt in unseren Herzen durch den Heiligen Geist. Der Glaube weiß, dass Gott uns ganz nahe geworden ist, dass Christus uns als großes Geschenk gegeben ist, das in uns eine innere Verwandlung vollzieht, das in uns wohnt und uns so das Licht schenkt, das den Anfang und das Ende des Lebens erhellt, den ganzen Bogen des Weges des Menschen.

21 So können wir die Neuheit erfassen, zu der uns der Glaube führt. Der Glaubende wird von der Liebe verwandelt, der er sich im Glauben geöffnet hat. In seinem Sich-Öffnen für diese Liebe, die ihm angeboten wird, weitet sich sein Leben über sich selbst hinaus. Der heilige Paulus sagt: »Nicht mehr ich lebe, sondern Christus lebt in mir« (*Gal* 2,20), und fordert dazu auf: »Durch den Glauben wohne Christus in eurem Herzen« (*Eph* 3,17). Im Glauben dehnt sich das Ich des Glaubenden aus, um von einem Anderen bewohnt zu sein, um in einem Anderen zu leben, und so weitet sich sein Leben in der Liebe. Hier hat das besondere Handeln des Heiligen Geistes seinen Platz. Der Christ kann mit den Augen Jesu sehen, seine Gesinnung haben, seine Kind-Vater-Beziehung teilen, weil er seiner Liebe teilhaftig wird, die der Heilige Geist ist. In dieser Liebe empfängt man in gewisser Weise die Sichtweise Jesu. Außerhalb dieser Gleichgestaltung in der Liebe, außer-

halb der Gegenwart des Geistes, der sie in unsere Herzen ausgießt (vgl. *Röm* 5,5), ist es unmöglich, Jesus als den Herrn zu bekennen (vgl. *1 Kor* 12,3).

Die kirchliche Gestalt des Glaubens

22 Auf diese Weise wird das Leben aus dem Glauben ein kirchliches Leben. Als der heilige Paulus zu den Christen in Rom von diesem einen Leib spricht, den in Christus alle bilden, ermahnt er sie, sich nicht zu rühmen; jeder soll sich hingegen beurteilen »nach dem Maß des Glaubens, das Gott ihm zugeteilt hat« (*Röm* 12,3). Der Gläubige lernt, sich selbst von dem Glauben her zu sehen, den er bekennt. Die Gestalt Christi ist der Spiegel, in dem er die Verwirklichung des eigenen Bildes entdeckt. Und wie Christus in sich alle Gläubigen umfasst, die seinen Leib bilden, begreift der Christ sich selbst in diesem Leib, in ursprünglicher Beziehung zu Christus und zu seinen Brüdern und Schwestern im Glauben. Das Bild des Leibes will den Gläubigen nicht auf einen bloßen Teil eines anonymen Ganzen reduzieren, auf ein einfaches Rädchen in einem großen Getriebe, sondern will vielmehr die lebendige Einheit Christi mit den Gläubigen und aller Gläubigen untereinander unterstreichen. Die Christen sind ›einer‹ (vgl. *Gal* 3,28), ohne ihre Individualität zu verlieren, und im Dienst an den anderen ge-

winnt jeder sein eigenes Sein bis ins Letzte. Dann versteht man auch, warum außerhalb dieses Leibes, außerhalb dieser Einheit der Kirche in Christus – dieser Kirche, die nach den Worten Romano Guardinis die »geschichtliche Trägerin des vollen Blicks Christi auf die Welt«[16] ist – der Glaube sein ›Maß‹ verliert, nicht mehr sein Gleichgewicht findet, den nötigen Raum, um sich zu stützen. Der Glaube hat eine notwendig kirchliche Gestalt; er wird vom Innern des Leibes Christi aus bekannt, als konkrete Gemeinsamkeit der Gläubigen. Von diesem kirchlichen Ort her macht er den einzelnen Christen offen für alle Menschen. Das einmal gehörte Wort Christi verwandelt sich durch seine Eigendynamik im Christen in Antwort und wird selbst verkündetes Wort, Bekenntnis des Glaubens. Der heilige Paulus sagt, dass man »mit dem Herzen glaubt und mit dem Mund bekennt« (*Röm* 10,10). Der Glaube ist keine Privatsache, keine individualistische Auffassung, keine subjektive Meinung, sondern er geht aus einem Hören hervor und ist dazu bestimmt, sich auszudrücken und Verkündigung zu werden. Denn »wie sollen sie an den glauben, von dem sie nichts gehört haben? Wie sollen sie hören, wenn niemand verkündigt?« (*Röm* 10,14). Der Glaube wird also im Chris-

---

16 *Vom Wesen katholischer Weltanschauung (1923)*, in: Unterscheidung des Christlichen. Gesammelte Studien 1923–1963, Mainz 1963[2], 24.

ten wirksam von der empfangenen Gabe her, der Liebe, die zu Christus hinzieht (vgl. *Gal* 5,6), und lässt ihn teilnehmen am Weg der Kirche, die durch die Geschichte pilgernd unterwegs ist zur Vollendung. Für den, der auf diese Weise verwandelt worden ist, öffnet sich eine neue Sichtweise, wird der Glaube zum Licht für seine Augen.

ZWEITES KAPITEL

GLAUBT IHR NICHT,
SO VERSTEHT IHR NICHT
(vgl. *Jes* 7,9)

Glaube und Wahrheit

23 Glaubt ihr nicht, so versteht ihr nicht (vgl. *Jes* 7,9): So gab die griechische Übersetzung der hebräischen Bibel, die im ägyptischen Alexandrien erstellte Septuaginta, die Worte des Propheten Jesaja an den König Ahas wieder. Auf diese Weise wurde das Problem der Erkenntnis der Wahrheit ins Zentrum des Glaubens gestellt. Im hebräischen Text heißt es allerdings anders. Darin sagt der Prophet zum König: ›Glaubt ihr nicht, so bleibt ihr nicht.‹ Es handelt sich hier um ein Wortspiel mit zwei Formen des Verbs 'amàn: ›ihr werdet glauben‹ (ta'*aminu*) und ›ihr werdet bleiben‹ (te'*amenu*). Verängstigt durch die Macht seiner Feinde, sucht der König die Sicherheit, die ihm ein Bündnis mit dem großen assyrischen Reich geben kann. Da fordert der Prophet ihn auf, sich allein dem wahren Felsen, der nicht wankt, anzuvertrauen, dem Gott Israels. Weil Gott verlässlich ist, ist es vernünftig, an ihn zu glauben, die eigene Sicherheit auf sein Wort zu bauen. Es ist dies der Gott, den Jesaja später zweimal den ›Gott, der das Amen ist‹, nennt (vgl. *Jes* 65,16), das unerschütterliche Fundament der Bundestreue. Man könnte meinen, die griechische Fassung der Bibel habe mit ihrer Übersetzung von ›bleiben‹ mit ›verstehen‹ eine tief greifende Änderung am Text vorgenommen, indem sie von der biblischen Auffassung des Sich-Gott-Anvertrauens zur griechischen des Verstehens übergegangen sei. Doch ist diese Übersetzung, die sicher den Dialog mit der hellenistischen Kultur zuließ, der tiefen Dynamik des hebräischen Textes nicht fremd. Die Sicherheit, die Jesaja dem König verspricht, kommt nämlich durch das Verstehen des Handelns Gottes und der Einheit, die dieser dem Leben des Menschen und der Geschichte des Volkes verleiht. Der Prophet fordert dazu auf, die Wege des Herrn zu verstehen, indem man in der Treue Gottes den Plan der Weisheit findet, der die Zeiten lenkt. Der heilige Augustinus bringt die Synthese von ›verstehen‹ und ›bleiben‹ in seinen Bekenntnissen zum Ausdruck, wenn er von der Wahrheit spricht, der man sich anvertrauen kann, um stehen zu können: »Dann wird mir Stand und Festigkeit sein in dir, [...] der Wahrheit, die du bist.«[17] Aus dem Zusammenhang entnehmen wir, dass der heilige Augustinus zeigen will, in

---

17   XI, 30, 40: *PL* 32, 825.

welcher Weise diese verlässliche Wahrheit Gottes – wie aus der Bibel hervorgeht – seine treue Gegenwart durch die Geschichte hindurch bedeutet, seine Fähigkeit, die Zeiten zusammenzuhalten, indem er die Tage des Menschen in ihrer Zersplitterung sammelt.[18]

24 In diesem Licht gelesen, führt der Jesaja-Text zu einer Schlussfolgerung: Der Mensch braucht Erkenntnis, er braucht Wahrheit, denn ohne sie hat er keinen Halt, kommt er nicht voran. Glaube ohne Wahrheit rettet nicht, gibt unseren Schritten keine Sicherheit. Er bleibt ein schönes Märchen, die Projektion unserer Sehnsucht nach Glück, etwas, das uns nur in dem Maß befriedigt, in dem wir uns Illusionen hingeben wollen. Oder er reduziert sich auf ein schönes Gefühl, das tröstet und wärmt, doch dem Wechsel unserer Stimmung und der Veränderlichkeit der Zeiten unterworfen ist und einem beständigen Weg im Leben keinen Halt zu bieten vermag. Wenn der Glaube so wäre, hätte der König Ahas Recht, sein Leben und die Sicherheit seines Reiches nicht auf eine Gefühlsregung zu setzen. Aber gerade durch seine innere Verbindung mit der Wahrheit ist der Glaube fähig, ein neues Licht zu bieten, das den Berechnungen des Königs überlegen ist, weil es weiter sieht, denn es ver-

---

18 Vgl. ebd., 825–826.

steht das Handeln Gottes, der seinem Bund und seinen Verheißungen treu ist.

25 An die Verbindung des Glaubens mit der Wahrheit zu erinnern, ist heute nötiger denn je, gerade wegen der Wahrheitskrise, in der wir leben. In der gegenwärtigen Kultur neigt man oft dazu, als Wahrheit nur die der Technologie zu akzeptieren: Wahr ist, was der Mensch mit seiner Wissenschaft zu konstruieren und zu messen vermag – wahr, weil es funktioniert und so das Leben bequemer und müheloser macht. Dies scheint heute die einzige sichere Wahrheit zu sein, die einzige, die man mit anderen teilen kann, die einzige, über die man diskutieren und für die man sich gemeinsam einsetzen kann. Auf der anderen Seite gebe es dann die Wahrheiten des Einzelnen, die darin bestünden, authentisch zu sein gegenüber dem, was jeder innerlich empfindet; sie wären nur für den Einzelnen gültig und könnten den anderen nicht vermittelt werden mit dem Anspruch, dem Gemeinwohl zu dienen. Die große Wahrheit, die Wahrheit, die das Ganze des persönlichen und gesellschaftlichen Lebens erklärt, wird mit Argwohn betrachtet. War das nicht die Wahrheit, fragt man sich, die sich die großen totalitären Systeme des vergangenen Jahrhunderts anmaßten – eine Wahrheit, die ihre eigene Weltanschauung aufzwang, um die konkrete

Geschichte des Einzelnen zu erdrücken? So bleibt dann nur ein Relativismus, in dem die Frage nach der universalen Wahrheit, die im Grunde auch die Frage nach Gott ist, nicht mehr interessiert. Aus dieser Sicht ist es logisch, dass man die Verbindung der Religion mit der Wahrheit lösen möchte, denn diese Verknüpfung stehe an der Wurzel des Fanatismus, der alle überwältigen will, die die eigenen Überzeugungen nicht teilen. Wir können in diesem Zusammenhang von einer großen Vergessenheit in unserer heutigen Welt sprechen. Die Frage nach der Wahrheit ist nämlich eine Frage der Erinnerung, einer tiefen Erinnerung, denn sie wendet sich an etwas, das uns vorausgeht, und auf diese Weise kann sie uns jenseits unseres kleinen und begrenzten Ich vereinen. Es ist eine Frage nach dem Ursprung von allem, in dessen Licht man das Ziel und so auch den Sinn des gemeinsamen Weges sehen kann.

Die Erkenntnis der Wahrheit und die Liebe

26 Kann der christliche Glaube in dieser Situation dem Gemeinwohl in Bezug auf das rechte Verständnis der Wahrheit dienlich sein? Um darauf zu antworten, ist es nötig, über die dem Glauben eigene Art der Erkenntnis nachzudenken. Dabei kann uns ein Wort des heiligen Paulus hilfreich sein, wenn er sagt,

dass man »mit dem Herzen glaubt« (*Röm* 10,10). Das Herz ist in der Bibel die Mitte des Menschen, wo alle seine Dimensionen – Leib und Geist, die Innerlichkeit der Person sowie seine Öffnung für die Welt und die anderen; Verstand, Wille und Gefühlsleben – miteinander verflochten sind. Wenn also das Herz imstande ist, diese Dimensionen zusammenzuhalten, dann deshalb, weil es der Ort ist, an dem wir uns der Wahrheit und der Liebe öffnen und zulassen, dass sie uns anrühren und in der Tiefe verändern. Der Glaube verwandelt den ganzen Menschen, eben insofern er sich der Liebe öffnet. In dieser Verflechtung des Glaubens mit der Liebe versteht man die dem Glauben eigene Gestalt der Erkenntnis, seine Überzeugungskraft und seine Fähigkeit, unsere Schritte zu erhellen. Der Glaube erkennt, weil er an die Liebe gebunden ist, weil die Liebe selber Licht bringt. Das Glaubensverständnis beginnt, wenn wir die große Liebe Gottes empfangen, die uns innerlich verwandelt und uns neue Augen schenkt, die Wirklichkeit zu sehen.

27 Es ist bekannt, wie der Philosoph Ludwig Wittgenstein die Verbindung zwischen dem Glauben und der Gewissheit erläutert hat. Glauben ist seiner Meinung nach ähnlich wie die Erfahrung des Verliebtseins im Sinne von etwas Subjektivem, das nicht als eine für alle gültige Wahrheit aufgestellt wer-

den kann.[19] Dem modernen Menschen scheint es nämlich, als habe die Frage nach der Liebe nichts mit der Wahrheit zu tun. Die Liebe wird heute als eine Erfahrung angesehen, die an die Welt der unbeständigen Gefühle gebunden ist und nicht mehr an die Wahrheit.

Aber ist das wirklich eine angemessene Beschreibung der Liebe? In Wirklichkeit kann die Liebe nicht auf ein Gefühl reduziert werden, das kommt und geht. Sie berührt zwar unser Gefühlsleben, doch um es für den geliebten Menschen zu öffnen und so einen Weg zu ihm zu beginnen, d. h. aus der Verschlossenheit in das eigene Ich heraus- und auf den anderen zuzugehen, um eine dauerhafte Beziehung aufzubauen. Die Liebe trachtet nach der Einheit mit dem geliebten Menschen. So stellt sich heraus, in welchem Sinn die Liebe der Wahrheit bedarf. Nur insofern sie auf Wahrheit gegründet ist, kann die Liebe in der Zeit fortbestehen, den flüchtigen Augenblick überstehen und unerschütterlich bleiben, um einen gemeinsamen Weg zu stützen. Wenn die Liebe keinen Bezug zur Wahrheit hat, ist sie den Gefühlen unterworfen und übersteht nicht die Prüfung der Zeit. Die wahre Liebe vereint hingegen alle Elemente unserer Person und wird zu einem neuen Licht auf ein großes und erfülltes Leben hin. Ohne Wahrheit kann

---

19 Vgl. *Vermischte Bemerkungen / Culture and Value,* G. H. von Wright (ed.), Oxford 1991, 32–33; 61–64.

die Liebe keine feste Bindung geben, vermag sie das Ich nicht über seine Isoliertheit hinauszuführen, noch es von dem flüchtigen Augenblick zu befreien, damit es das Leben aufbaut und Frucht bringt.

Wenn die Liebe der Wahrheit bedarf, so bedarf auch die Wahrheit der Liebe. Liebe und Wahrheit kann man nicht voneinander trennen. Ohne Liebe wird die Wahrheit kalt, unpersönlich und erdrückend für das konkrete Leben des Menschen. Die Wahrheit, die wir suchen, jene, die unseren Schritten Sinn verleiht, erleuchtet uns, wenn wir von der Liebe berührt sind. Wer liebt, begreift, dass die Liebe eine Erfahrung der Wahrheit ist, dass sie selbst unsere Augen öffnet, um die ganze Wirklichkeit in neuer Weise zu sehen, in Einheit mit dem geliebten Menschen. In diesem Sinn hat der heilige Gregor der Große geschrieben, dass »amor ipse notitia est«, dass die Liebe selbst eine Erkenntnis ist, eine neue Logik mit sich bringt.[20] Es handelt sich um eine an die Beziehung gebundene Weise, die Welt zu sehen, die eine miteinander geteilte Erkenntnis wird, eine Sicht aus der Sicht des anderen und eine gemeinsame Sicht aller Dinge. Wilhelm von Saint-Thierry folgt im Mittelalter dieser Überlieferung, als er einen Vers aus dem Hohelied kommentiert, in dem der Geliebte zur Geliebten sagt: Augen der Taube sind deine

---

20 Vgl. *Homiliae in Evangelia* II, 27, 4: *PL* 76, 1207.

Augen (vgl. *Hld* 1,15).[21] Diese beiden Augen, erklärt Wilhelm, sind die glaubende Vernunft und die Liebe, die ein einziges Auge werden, um zur Schau Gottes zu gelangen, wenn der Verstand zum »Verstand einer erleuchteten Liebe« wird.[22]

28 Diese Entdeckung der Liebe als Quelle der Erkenntnis, die zur ursprünglichen Erfahrung jedes Menschen gehört, findet maßgeblichen Ausdruck in der biblischen Auffassung des Glaubens. Indem Israel sich der Liebe erfreut, mit der Gott es erwählt und als Volk gezeugt hat, gelangt es dahin, die Einheit des göttlichen Planes vom Anfang bis zur Vollendung zu begreifen. Die Glaubenserkenntnis ist dadurch, dass sie aus der Liebe Gottes hervorgeht, der den Bund schließt, eine Erkenntnis, die einen Weg in der Geschichte erhellt. Aus diesem Grund gehören in der Bibel Wahrheit und Treue zusammen: Der wahre Gott ist der treue Gott, derjenige, der seine Versprechen hält und erlaubt, in der Zeit seinen Plan zu verstehen. Durch die Erfahrung der Propheten, im Schmerz des Exils und in der Hoffnung auf eine endgültige Rückkehr in die Heilige Stadt, hat Israel erahnt, dass diese Wahrheit Gottes

---

21 Vgl. *Expositio super Cantica Canticorum* XVIII, 88: *CCL, Continuatio Mediaevalis* 87, 67.

22 Ebd., XIX, 90: *CCL, Continuatio Mediaevalis* 87, 69.

sich über seine eigene Geschichte hinaus erstreckte, um die gesamte Geschichte der Welt von der Schöpfung an zu umfassen. Die Glaubenserkenntnis erhellt nicht nur den besonderen Weg eines Volkes, sondern den gesamten Lauf der geschaffenen Welt, von ihrem Ursprung bis zu ihrem Vergehen.

Der Glaube als Hören und Sehen

29 Gerade weil die Glaubenserkenntnis in Zusammenhang mit dem Bund eines treuen Gottes steht, der eine Beziehung der Liebe mit dem Menschen knüpft und an ihn sein Wort richtet, wird sie von der Bibel als ein Hören dargestellt und mit dem Gehörsinn assoziiert. Der heilige Paulus verwendet eine Formulierung, die klassisch geworden ist: *fides ex auditu* – »der Glaube kommt vom Hören« (*Röm* 10,17). Die mit dem Wort verbundene Erkenntnis ist immer eine persönliche Erkenntnis, welche die Stimme erkennt, sich ihr in Freiheit öffnet und ihr im Gehorsam folgt. Darum hat der heilige Paulus vom ›Gehorsam des Glaubens‹ (vgl. *Röm* 1,5; 16,26) gesprochen.[23]

---

23 »Dem offenbarenden Gott ist der ›Gehorsam des Glaubens‹ (Röm 16,26; vgl. Röm 1,5; 2 Kor 10,5–6) zu leisten. Darin überantwortet sich der Mensch Gott als Ganzer in Freiheit, indem er sich dem offenbarenden Gott mit Verstand und Willen voll unterwirft und seiner Offenbarung willig zustimmt. Dieser Glaube kann nicht vollzogen werden ohne die zuvorkommende und helfende Gnade Gottes und ohne den

Der Glaube ist außerdem eine Erkenntnis, die an den Lauf der Zeit gebunden ist, den das Wort braucht, um sich auszudrücken: Er ist eine Erkenntnis, zu der man nur auf einem Weg der Nachfolge gelangt. Das Hören ist hilfreich, um die Verbindung zwischen Erkenntnis und Liebe treffend darzustellen.

Was die Erkenntnis der Wahrheit betrifft, ist das Hören manchmal dem Sehen entgegengesetzt worden, das der griechischen Kultur eigen sei. Wenn das Licht einerseits die Betrachtung des Ganzen ermöglicht, die der Mensch immer erstrebt hat, scheint es andererseits der Freiheit keinen Raum zu lassen, weil es vom Himmel herabkommt und direkt ins Auge fällt, ohne dessen Reaktion zu verlangen. Außerdem scheine es zu einer statischen Betrachtung einzuladen, getrennt von der konkreten Zeit, in der der Mensch Freude und Leid erlebt. Dieser Auffassung nach stehe der biblische Ansatz der Erkenntnis im Gegensatz zum griechischen Ansatz, der auf der Suche nach einem umfassenden Verstehen des Wirklichen die Erkenntnis mit dem Sehen verbunden hat.

---

inneren Beistand des Heiligen Geistes, der das Herz bewegen und Gott zuwenden, die Augen des Verstandes öffnen und es jedem leicht machen muss, der Wahrheit zuzustimmen und zu glauben. Dieser Geist vervollkommnet den Glauben ständig durch seine Gaben, um das Verständnis der Offenbarung mehr und mehr zu vertiefen« (Zweites Vatikanisches Konzil, Dogmatische Konstitution über die göttliche Offenbarung *Dei Verbum*, 5).

Es ist dagegen klar, dass dieser angebliche Gegensatz nicht der biblischen Gegebenheit entspricht. Das Alte Testament hat beide Arten der Erkenntnis miteinander vereint, denn mit dem Hören des Wortes Gottes verbindet sich der Wunsch, sein Angesicht zu sehen. Auf diese Weise konnte sich ein Dialog mit der hellenistischen Kultur entwickeln, der zum Eigentlichen der Schrift gehört. Das Hören bestätigt die persönliche Berufung und den Gehorsam wie auch die Tatsache, dass die Wahrheit sich in der Zeit offenbart; das Sehen bietet die volle Sicht des gesamten Weges und erlaubt, sich in den großen Plan Gottes einzureihen; ohne diese Sicht würden wir nur über vereinzelte Fragmente eines unbekannten Ganzen verfügen.

30 Die Verbindung zwischen dem Sehen und dem Hören als Organen der Glaubenserkenntnis erscheint mit größter Deutlichkeit im *Johannesevangelium*. Für das vierte Evangelium bedeutet glauben hören und zugleich sehen. Das Hören des Glaubens geschieht entsprechend der Form von Erkenntnis, die der Liebe eigen ist: Es ist ein persönliches Hören, das die Stimme unterscheidet und die des Guten Hirten erkennt (vgl. *Joh* 10,3–5); ein Hören, das die Nachfolge verlangt wie bei den ersten Jüngern: Sie »hörten, was er sagte, und folgten Jesus« (*Joh* 1,37). Andererseits ist der Glaube auch mit dem Sehen verbunden. Manchmal geht das

Sehen der Zeichen Jesu dem Glauben voraus wie bei den Juden, die nach der Auferweckung des Lazarus, als sie »gesehen hatten, was Jesus getan hatte, zum Glauben an ihn kamen« (*Joh* 11,45). Andere Male ist es der Glaube, der zu einer tieferen Sicht führt: »Wenn du glaubst, wirst du die Herrlichkeit Gottes sehen« (*Joh* 11,40). Schließlich überschneiden glauben und sehen einander: »Wer an mich glaubt, glaubt [...] an den, der mich gesandt hat, und wer mich sieht, sieht den, der mich gesandt hat« (*Joh* 12,44–45). Dank dieser Einheit mit dem Hören wird das Sehen zur Nachfolge Christi, und der Glaube erscheint als ein Entwicklungsprozess des Sehens, in dem die Augen sich daran gewöhnen, in die Tiefe zu schauen. Und so geht es am Ostermorgen von Johannes, der – noch im Dunkeln – angesichts des leeren Grabes »sah und glaubte« (*Joh* 20,8), zu Maria Magdalena, die Jesus bereits sieht (vgl. *Joh* 20,14) und ihn festhalten möchte, doch aufgefordert wird, Jesus in seinem Weg zum Vater zu betrachten, bis hin zum vollen Bekenntnis derselben Magdalena vor den Jüngern: »Ich habe den Herrn gesehen!« (*Joh* 20,18).

Wie kommt man zu dieser Synthese von Hören und Sehen? Sie wird möglich von der konkreten Person Jesu her, den man sieht und hört. Er ist das Fleisch gewordene Wort, dessen Herrlichkeit wir gesehen haben (vgl. *Joh* 1,14). Das Licht des Glaubens ist das eines

Angesichts, in dem man den Vater sieht. Tatsächlich ist im vierten Evangelium die Wahrheit, die der Glaube erfasst, die Offenbarung des Vaters im Sohn, in seinem Leib und in seinen irdischen Werken – eine Wahrheit, die man als das ›gelichtete Leben‹ Jesu[24] definieren kann. Das bedeutet, dass die Glaubenserkenntnis uns nicht einlädt, eine rein innere Wahrheit anzusehen. Die Wahrheit, die der Glaube uns erschließt, ist eine Wahrheit, die auf die Begegnung mit Christus ausgerichtet ist, auf die Betrachtung seines Lebens, auf die Wahrnehmung seiner Gegenwart. In diesem Sinn spricht der heilige Thomas von Aquin von der *oculata fides* der Apostel – vom sehenden Glauben! – angesichts des leiblichen Anblicks des Auferstandenen.[25] Sie haben den auferstandenen Jesus mit eigenen Augen gesehen und haben geglaubt, d. h. sie konnten in die Tiefe dessen eindringen, was sie sahen, um den Sohn Gottes, der zur Rechten des Vaters sitzt, zu bekennen.

31 Nur so, durch die Inkarnation, durch das Teilen unseres Menschseins konnte die der Liebe eigene Erkenntnis zur Fülle gelangen. Das Licht der Liebe leuchtet nämlich auf, wenn wir im Herzen ange-

---

24 Vgl. Heinrich Schlier, *Meditationen über den Johanneischen Begriff der Wahrheit,* in: *Besinnung auf das Neue Testament. Exegetische Aufsätze und Vorträge* 2, Freiburg, Basel, Wien 1959, 272.

25 Vgl. *Summa Theologiae* III, q. 55, a. 2, ad 1.

rührt werden und so in uns die innere Gegenwart des Geliebten empfangen, die uns erlaubt, sein Geheimnis zu erkennen. So verstehen wir auch, warum für den heiligen Johannes der Glaube neben dem Hören und dem Sehen ein Berühren ist, wie er in seinem ersten Brief sagt: »Was wir gehört haben, was wir mit unseren Augen gesehen, was wir geschaut und was unsere Hände angefasst haben, das verkünden wir: das Wort des Lebens« (*1 Joh* 1,1). Mit seiner Inkarnation, mit seinem Kommen in unsere Mitte hat Jesus uns berührt, und durch die Sakramente berührt er uns auch heute. Auf diese Weise, indem er unser Herz verwandelte, hat er uns ermöglicht und ermöglicht er uns weiterhin, ihn als Sohn Gottes zu erkennen und zu bekennen. Mit dem Glauben können wir ihn berühren und die Macht seiner Gnade empfangen. In seiner Auslegung der Erzählung von der blutflüssigen Frau, die Jesus berührt, um geheilt zu werden (vgl. *Lk* 8,45–46), sagt der heilige Augustinus: »Mit dem Herzen berühren, das ist glauben.«[26] Die Menschenmenge drängt sich um Jesus, doch sie erreicht ihn nicht mit der persönlichen Berührung des Glaubens, der sein Geheimnis erkennt, dass er der Sohn ist, der den Vater offenbart. Nur wenn wir Jesus gleichgestaltet werden, empfangen wir Augen, die geeignet sind, ihn zu sehen.

---

26 *Sermo 229*/L, 2: *PLS 2, 576: »Tangere autem corde, hoc est credere«.*

32 Da der christliche Glaube die Wahrheit der vollkommenen Liebe Gottes verkündet und den Menschen für die Macht dieser Liebe öffnet, erreicht er den eigentlichen Kern der Erfahrung jedes Menschen, der dank der Liebe das Licht erblickt und dazu berufen ist zu lieben, um im Licht zu bleiben. Getrieben von dem Wunsch, die gesamte Wirklichkeit von der in Jesus offenbarten Liebe Gottes her zu erleuchten, und in dem Bemühen, selbst mit ebendieser Liebe zu lieben, fanden die ersten Christen in der griechischen Welt und deren Hunger nach Wahrheit ein geeignetes Gegenüber für den Dialog. Die Begegnung der Botschaft des Evangeliums mit dem philosophischen Denken der Antike bildete einen entscheidenden Schritt, damit das Evangelium zu allen Völkern gelangte. Diese Begegnung begünstigte eine fruchtbare Wechselbeziehung zwischen Glaube und Vernunft, die sich im Laufe der Jahrhunderte weiter entfaltete bis herauf in unsere Tage. Der selige Johannes Paul II. hat in seiner Enzyklika *Fides et ratio* gezeigt, wie Glaube und Vernunft sich gegenseitig stärken.[27] Wenn wir das volle Licht der Liebe Jesu finden, entdecken wir, dass in all unserer Liebe immer ein Schimmer jenes Lichts vorhan-

---

27   Vgl. Nr. 73: *AAS* (1999), 61–62.

den war, und begreifen, welches ihr letztes Ziel war. Und die Tatsache, dass unsere Liebe ein Licht mit sich bringt, hilft uns zugleich, den Weg der Liebe zu sehen, der in die Fülle der totalen Hingabe des Sohnes Gottes für uns führt. In dieser Kreisbewegung erleuchtet das Licht des Glaubens alle unsere menschlichen Beziehungen, die in Einheit mit der einfühlsamen Liebe Christi gelebt werden können.

33 Im Leben des heiligen Augustinus finden wir ein bedeutsames Beispiel dieses Weges, auf dem die Suche der Vernunft mit ihrem Sehnen nach Wahrheit und Klarheit in den Horizont des Glaubens eingefügt wurde, von dem sie ein neues Verstehen empfing. Einerseits nimmt er die griechische Philosophie des Lichtes mit ihrem Beharren auf dem visuellen Element auf. Durch seine Begegnung mit dem Neuplatonismus hat er das Paradigma des Lichtes kennengelernt, das von oben herabkommt, um die Dinge zu erleuchten, und das so ein Symbol Gottes ist. Auf diese Weise hat der heilige Augustinus die göttliche Transzendenz begriffen und entdeckt, dass alle Dinge eine Transparenz in sich tragen, d. h. die Güte Gottes, das Gute, widerspiegeln können. So hat er sich vom Manichäismus befreit, in dem er vorher lebte und der ihm die Vorstellung nahelegte, das Böse und das Gute lägen in ständigem Kampf miteinander, gingen ineinander über und vermischten sich ohne deutliche Umrisse. Die Einsicht, dass Gott Licht ist, hat ihm eine neue Lebensorientierung gegeben und ihm die Fähigkeit verliehen, das Böse zu erkennen, dessen er schuldig war, und sich dem Guten zuzuwenden.

Andererseits war aber in der konkreten Erfahrung des heiligen Augustinus, die er selber in seinen Bekenntnissen erzählt, der entscheidende Moment auf seinem Glaubensweg nicht eine Vision Gottes jenseits von dieser Welt, sondern vielmehr ein Hören, als er im Garten eine Stimme vernahm, die sagte: ›Nimm und lies‹. Er nahm das Buch mit den Briefen des heiligen Paulus und blieb beim dreizehnten Kapitel des *Römerbriefes* stehen.[28] So erschien der persönliche Gott der Bibel, der fähig ist, zum Menschen zu sprechen und herabzusteigen, um mit ihm zu leben, sowie seinen Weg in der Geschichte zu begleiten, indem er sich in der Zeit des Hörens und der Antwort zeigt.

Und doch hat diese Begegnung mit dem Gott des Wortes den heiligen Augustinus nicht dazu gebracht, das Licht und das Sehen abzulehnen. Immer geleitet durch die Offenbarung der Liebe Gottes in Jesus, hat er beide Aspekte integriert. Und so hat er eine Philosophie des Lichtes entwickelt, die in sich die dem Wort eigene Gegenseitigkeit aufnimmt und einen Raum öff-

---

28   Vgl. *Confessiones* VIII, 12,29: *PL* 32, 762.

net für die Freiheit, den Blick auf das Licht zu richten. Wie dem Wort eine freie Antwort entspricht, so findet das Licht als Antwort ein Bild, das es widerspiegelt. Indem er Hören und Sehen einander zuordnet, kann der heilige Augustinus also Bezug nehmen auf »das Wort, das im Innern des Menschen leuchtet«.[29] Auf diese Weise wird das Licht sozusagen das Licht eines Wortes, weil es das Licht eines persönlichen Antlitzes ist, ein Licht, das uns, indem es uns erleuchtet, ruft und sich in unserem Gesicht widerspiegeln will, um aus unserem Innern heraus zu leuchten. Im Übrigen bleibt der Wunsch nach der Schau des Ganzen – und nicht nur der Fragmente der Geschichte – bestehen und wird sich am Ende erfüllen, wenn der Mensch, wie der heilige Bischof von Hippo sagt, schauen und lieben wird.[30] Und das nicht etwa, weil er fähig sein wird, das ganze Licht zu besitzen, das immer unerschöpflich bleiben wird, sondern weil er ganz und gar in das Licht eingehen wird.

34 Das dem Glauben eigene Licht der Liebe kann die Fragen unserer Zeit über die Wahrheit erhellen. Heute wird die Wahrheit oft auf eine subjektive Authentizität des Einzelnen reduziert, die nur für das

---

29   *De Trinitate* XV, 11, 20: *PL* 42, 1071: »Verbum quod intus lucet«.

30   Vgl. *De civitate Dei* XXII, 30, 5: *PL* 41, 804.

individuelle Leben gilt. Eine allgemeine Wahrheit macht uns Angst, weil wir sie mit dem unnachgiebigen Zwang der Totalitarismen identifizieren. Wenn es sich aber bei der Wahrheit um die Wahrheit der Liebe handelt, wenn es die Wahrheit ist, die sich in der persönlichen Begegnung mit dem Anderen und den anderen erschließt, dann ist sie aus der Verschlossenheit in den Einzelnen befreit und kann Teil des Gemeinwohls sein. Da sie die Wahrheit einer Liebe ist, ist sie nicht eine Wahrheit, die sich mit Gewalt durchsetzt, eine Wahrheit, die den Einzelnen erdrückt. Da sie aus der Liebe hervorgeht, kann sie das Herz, die persönliche Mitte jedes Menschen erreichen. So wird deutlich, dass der Glaube nicht unnachgiebig ist, sondern im Miteinander wächst, das den anderen respektiert. Der Gläubige ist nicht arrogant; im Gegenteil, die Wahrheit lässt ihn demütig werden, da er weiß, dass nicht wir sie besitzen, sondern vielmehr sie es ist, die uns umfängt und uns besitzt. Weit davon entfernt, uns zu verhärten, bringt uns die Glaubensgewissheit in Bewegung und ermöglicht das Zeugnis und den Dialog mit allen.

Andererseits hält sich das Licht des Glaubens, da es ja mit der Wahrheit der Liebe vereint ist, nicht etwa fern von der materiellen Welt, denn die Liebe wird immer in Leib und Seele gelebt. Das Licht des Glaubens ist ein inkarniertes Licht, das von dem leuchtenden Leben Jesu ausgeht. Es erleuchtet auch die Materie, baut auf ihre Ordnung und erkennt, dass sich in ihr ein Weg der Harmonie und des immer umfassenderen Verstehens öffnet. So erwächst dem Blick der Wissenschaft ein Nutzen aus dem Glauben: Dieser lädt den Wissenschaftler ein, für die Wirklichkeit in all ihrem unerschöpflichen Reichtum offen zu bleiben. Der Glaube ruft das kritische Bewusstsein wach, insofern er die Forschung daran hindert, sich in ihren Formeln zu gefallen, und ihr zu begreifen hilft, dass die Natur diese immer übersteigt. Indem er zum Staunen angesichts des Geheimnisses der Schöpfung einlädt, weitet der Glaube die Horizonte der Vernunft, um die Welt, die sich der wissenschaftlichen Forschung erschließt, besser zu durchleuchten.

Der Glaube und die Suche nach Gott

35 Das Licht des Glaubens an Jesus erhellt auch den Weg aller, die Gott suchen, und bietet den ganz eigenen Beitrag des Christentums im Dialog mit den Anhängern der verschiedenen Religionen. Der *Hebräerbrief* spricht uns von dem Zeugnis der Gerechten, die bereits vor dem Bund mit Abraham voll Glauben Gott suchten. Von Henoch wird gesagt, »dass er Gott gefiel« (*Hebr* 11,5), was ohne den Glauben unmöglich wäre, denn »wer zu Gott kommen will, muss glauben, dass er ist und dass er denen, die ihn suchen,

ihren Lohn geben wird« (*Hebr* 11,6). So können wir verstehen, dass der Weg des religiösen Menschen über das Bekenntnis eines Gottes verläuft, der sich um ihn kümmert und den zu finden nicht unmöglich ist. Welchen anderen Lohn könnte Gott denen anbieten, die ihn suchen, wenn nicht den, sich finden zu lassen? Noch vorher begegnet uns die Gestalt des Abel. Auch sein Glaube wird gelobt: Er ist der Grund, warum Gott an seinen Gaben, am Opfer der Erstlinge seiner Herden Gefallen fand (vgl. *Hebr* 11,4). Der religiöse Mensch versucht, die Zeichen Gottes in den täglichen Erfahrungen seines Lebens zu erkennen, im Kreislauf der Jahreszeiten, in der Fruchtbarkeit der Erde und in der ganzen Bewegung des Kosmos. Gott ist lichtvoll und kann auch von denen gefunden werden, die ihn mit aufrichtigem Herzen suchen.

Ein Bild dieser Suche sind die Sterndeuter, die von dem Stern bis nach Bethlehem geführt wurden (vgl. *Mt* 2,1–12). Für sie hat sich das Licht Gottes als Weg gezeigt, als Stern, der einen Pfad der Entdeckungen entlangführt. So spricht der Stern von der Geduld Gottes mit unseren Augen, die sich an seinen Glanz gewöhnen müssen. Der religiöse Mensch ist unterwegs und muss bereit sein, sich führen zu lassen, aus sich herauszugehen, um den Gott zu finden, der immer überrascht. Diese Rücksicht Gottes gegenüber unseren Augen zeigt uns, dass das menschliche Licht, wenn der Mensch ihm

näherkommt, sich nicht in der blendend hellen Unend-
lichkeit Gottes auflöst, als sei es ein im Morgengrauen
verblassender Stern, sondern umso strahlender wird, je
näher es dem ursprünglichen Feuer kommt, wie der
Spiegel, der den Glanz reflektiert. Das christliche Bekenntnis von Jesus als einzigem Retter besagt, dass das
ganze Licht Gottes sich in ihm, in seinem ›gelichteten
Leben‹ konzentriert hat, in welchem sich der Anfang
und das Ende der Geschichte enthüllen.[31] Es gibt keine
menschliche Erfahrung, keinen Weg des Menschen zu
Gott, der von diesem Licht nicht aufgenommen, erleuchtet und geläutert werden könnte. Je mehr der
Christ in den offenen Lichtkegel Christi eindringt,
umso fähiger wird er, den Weg eines jeden Menschen
zu Gott zu verstehen und zu begleiten.

Da der Glaube sich als Weg gestaltet, betrifft er
auch das Leben der Menschen, die zwar nicht glauben,
aber gerne glauben möchten und unaufhörlich auf der
Suche sind. In dem Maß, in dem sie sich mit aufrichtigem Herzen der Liebe öffnen und sich mit dem Licht,
das sie zu erfassen vermögen, auf den Weg machen, sind
sie bereits, ohne es zu wissen, unterwegs zum Glauben.
Sie versuchen so zu handeln, als gäbe es Gott – manchmal, weil sie seine Bedeutung erkennen, wenn es darum

---

31 Vgl. Kongregation für die Glaubenslehre, Erklärung *Dominus Iesus*
(6. August 2000), 15: *AAS* 92 (2000), 756.

geht, verlässliche Orientierungen für das Gemeinschaftsleben zu finden; oder weil sie inmitten der
Dunkelheit die Sehnsucht nach Licht verspüren; doch
auch weil sie, wenn sie merken, wie groß und schön
das Leben ist, erahnen, dass die Gegenwart Gottes es
noch größer machen würde. Der heilige Irenäus von
Lyon erzählt, dass Abraham, bevor er die Stimme Gottes hörte, ihn bereits »mit brennender Sehnsucht im
Herzen« suchte und, »indem er sich fragte, wo Gott
sei, die ganze Welt durchstreifte«, bis »Gott Erbarmen
hatte mit dem, der allein ihn in der Stille suchte«.[32]
Wer sich aufmacht, um Gutes zu tun, nähert sich bereits Gott und wird schon von seiner Hilfe unterstützt,
denn es gehört zur Dynamik des göttlichen Lichts, unsere Augen zu erleuchten, wenn wir der Fülle der
Liebe entgegengehen.

Glaube und Theologie

36 Da der Glaube ein Licht ist, lädt er uns ein, in
ihn einzudringen, den Horizont, den er erleuchtet, immer mehr zu erforschen, um das, was wir
lieben, besser kennenzulernen. Aus diesem Wunsch
geht die christliche Theologie hervor. Es ist also klar,
dass Theologie ohne Glauben unmöglich ist und dass

32 Demonstratio apostolicae praedicationis 24, *SC* 406, 117.

sie zur Bewegung des Glaubens selbst gehört, der die Selbstoffenbarung Gottes, die im Geheimnis Christi gipfelte, tiefer zu verstehen sucht. Die erste Konsequenz besteht darin, dass in der Theologie nicht nur die Vernunft bemüht wird, um zu erforschen und zu erkennen wie in den experimentellen Wissenschaften. Gott kann nicht auf einen Gegenstand reduziert werden. Er ist der Handelnde, der sich zu erkennen gibt und sich zeigt in der Beziehung von Person zu Person. Der rechte Glaube richtet die Vernunft daraufhin aus, dass sie sich dem Licht öffnet, das von Gott kommt, damit sie, von der Liebe zur Wahrheit geleitet, Gott in tieferer Weise erkennen kann. Die großen mittelalterlichen Lehrmeister und Theologen haben darauf hingewiesen, dass die Theologie als Wissenschaft des Glaubens Teilhabe am Wissen ist, das Gott von sich selbst hat. Die Theologie ist also nicht nur das Wort über Gott, sondern besteht vor allem im Bemühen, das Wort aufzunehmen und tiefer zu verstehen, das Gott an uns richtet, das Wort, das Gott über sich selber äußert, denn er ist ein ewiger Dialog der Gemeinschaft und gewährt dem Menschen, ins Innere dieses Dialogs einzutreten.[33] Zur Theologie gehört daher die Demut, sich von Gott anrühren zu lassen, die eigenen Grenzen gegenüber dem göttlichen Ge-

---

33 Vgl. Bonaventura, *Breviloquium,* Prol.: Opera Omnia, V, Quaracchi 1891, 201; In I Sent., proem, q. 1, resp.: Opera Omnia, I, Quaracchi 1891, 7; Thomas von Aquin, *Summa Theologiae* I, q. 1.

heimnis zu erkennen und danach zu streben, mit der Disziplin, die der Vernunft eigen ist, die unergründlichen Reichtümer dieses Geheimnisses zu ergründen.

Die Theologie teilt ferner die kirchliche Gestalt des Glaubens; ihr Licht ist das Licht des glaubenden Subjekts, der Kirche. Das schließt einerseits ein, dass die Theologie im Dienst des Glaubens der Christen steht, sich demütig der Bewahrung und der Vertiefung des Glaubens aller, vor allem der Einfachsten widmet. Außerdem betrachtet die Theologie, da sie vom Glauben lebt, das Lehramt des Papstes und der mit ihm verbundenen Bischöfe nicht als etwas, das von außen kommt, als eine Grenze ihrer Freiheit, sondern im Gegenteil als eines ihrer inneren, konstitutiven Elemente, weil das Lehramt den Kontakt mit der ursprünglichen Quelle gewährleistet und folglich die Sicherheit bietet, aus dem Wort Christi in seiner Unversehrtheit zu schöpfen.

DRITTES KAPITEL

ICH ÜBERLIEFERE EUCH, WAS ICH EMPFANGEN HABE
(vgl. *1 Kor* 15,3)

Die Kirche, Mutter unseres Glaubens

37 Wer sich der Liebe Gottes geöffnet hat, wer seine Stimme gehört und sein Licht empfangen hat, der kann diese Gabe nicht für sich behalten. Da der Glaube Hören und Sehen ist, wird er auch als Wort und Licht weitergegeben. An die Korinther gewandt gebrauchte der Apostel Paulus eben diese beiden Bilder. Einerseits sagt er: »Doch haben wir den gleichen Geist des Glaubens, von dem es in der Schrift heißt: Ich habe geglaubt, darum habe ich geredet. Auch wir glauben, und darum reden wir« (*2 Kor* 4,13). Das empfangene Wort wird zur Antwort, zum Bekenntnis und erklingt so für die anderen wieder und lädt sie ein zu glauben. Andererseits bezieht sich der heilige Paulus auch auf das Licht: »Wir alle spiegeln mit enthülltem Angesicht die Herrlichkeit des Herrn wider und werden so in sein eigenes Bild verwandelt« (*2 Kor* 3,18). Es ist ein Licht, das sich von Gesicht zu Gesicht widerspiegelt, wie Mose den Schein des Glanzes Gottes an sich trug, nachdem er mit ihm geredet hatte: »[Gott] ist in unseren Herzen aufgeleuchtet, damit wir erleuchtet werden zur Erkenntnis des göttlichen Glanzes auf dem Antlitz Christi« (*2 Kor* 4,6). Das Licht Jesu erstrahlt wie in einem Spiegel auf dem Antlitz der Christen, und so verbreitet es sich, so gelangt es bis zu uns, damit auch wir an diesem Schauen teilhaben können und anderen sein Licht widerspiegeln, wie bei der Osterliturgie das Licht der Osterkerze viele andere Kerzen entzündet. Der Glaube wird sozusagen in der Form des Kontakts von Person zu Person weitergegeben, wie eine Flamme sich an einer anderen entzündet. Die Christen säen in ihrer Armut einen so fruchtbaren Samen, dass er ein großer Baum wird und die Welt mit Früchten zu erfüllen vermag.

38 Die Weitergabe des Glaubens, der für alle Menschen an allen Orten strahlt, verläuft auch über die Achse der Zeit, von Generation zu Generation. Da der Glaube aus einer Begegnung innerhalb der Geschichte hervorgeht und unseren Weg in der Zeit erleuchtet, muss er durch die Zeiten hindurch weitergegeben werden. Mittels einer ununterbrochenen Kette von Zeugnissen kommt die Gestalt Jesu zu uns. Wie ist das möglich? Wie können wir sicher sein, über die Jahrhunderte hinweg auf den ›wahren Jesus‹ zurück-

zugehen? Wenn der Mensch ein vereinzeltes Wesen
wäre, wenn wir allein vom individuellen ›Ich‹, das die
Sicherheit seiner Erkenntnis in sich suchen möchte,
ausgehen wollten, wäre diese Gewissheit unmöglich.
Von mir selbst aus kann ich nicht sehen, was in einer
von mir so weit entfernten Epoche geschehen ist. Doch
ist dies nicht die einzige Art und Weise, wie der Mensch
Kenntnis erwirbt. Der Mensch lebt stets in Beziehung.
Er kommt von anderen, gehört anderen, und sein
Leben wird größer durch die Begegnung mit anderen.
Und auch die eigene Kenntnis, das Selbstbewusstsein
ist von relationaler Art und ist an andere gebunden,
die uns vorangegangen sind – an erster Stelle unsere El-
tern, die uns das Leben und den Namen gegeben haben.
Die Sprache selbst, die Worte, mit denen wir unser
Leben und unsere Wirklichkeit deuten, kommt durch
andere auf uns; sie ist im lebendigen Gedächtnis der anderen bewahrt. Die Kenntnis unserer selbst ist nur möglich, wenn wir an einem größeren Gedächtnis teilhaben.
So geschieht es auch im Glauben, der die menschliche
Weise des Verstehens zur Fülle bringt. Die Vergangenheit des Glaubens, jener Akt der Liebe Jesu, der in der
Welt ein neues Leben hervorgebracht hat, kommt auf
uns durch das Gedächtnis der anderen, der Zeugen,
und ist lebendig in dem einzigartigen Subjekt des Gedächtnisses, der Kirche. Die Kirche ist eine Mutter, die
uns lehrt, die Sprache des Glaubens zu sprechen. In sei-

nem Evangelium hat der heilige Johannes Nachdruck
auf diesen Aspekt gelegt, indem er Glaube und Gedächtnis zusammenfügte und beide dem Wirken des
Heiligen Geistes assoziierte, der – wie Jesus sagt –
»euch an alles erinnern wird« (*Joh* 14,26). Die Liebe,
die der Geist ist und in der Kirche wohnt, hält alle Zeiten untereinander geeint und macht uns zu ›Zeitgenossen‹ Jesu. So leitet er unser Unterwegssein im Glauben.

39 Es ist unmöglich, allein zu glauben. Der
Glaube ist nicht bloß eine individuelle Op-
tion, die im Innersten des Glaubenden geschieht, er
ist keine isolierte Beziehung zwischen dem ›Ich‹ des
Gläubigen und dem göttlichen ›Du‹, zwischen dem
autonomen Subjekt und Gott. Der Glaube öffnet sich
von Natur aus auf das ›Wir‹ hin und vollzieht sich
immer innerhalb der Gemeinschaft der Kirche. Daran
erinnert uns das in der Taufliturgie verwendete
Glaubensbekenntnis in Dialogform. Das Glauben
drückt sich als Antwort auf eine Einladung, auf ein
Wort aus, das gehört werden muss und nicht aus
einem selbst kommt. Deshalb fügt es sich innerhalb
eines Dialogs ein und kann nicht das bloße Bekenntnis sein, das vom Einzelnen kommt. Es ist nur deshalb
möglich, in erster Person mit ›Ich glaube‹ zu antworten, weil man zu einer größeren Gemeinschaft gehört,
weil man auch ›wir glauben‹ sagt. Diese Öffnung ge-

genüber dem ›Wir‹ der Kirche geschieht gemäß der eigenen Öffnung gegenüber der Liebe Gottes, die nicht nur eine Beziehung zwischen Vater und Sohn, zwischen einem ›Ich‹ und einem ›Du‹ ist, sondern im Geist auch ein ›Wir‹, ein Miteinander von Personen. Deshalb gilt, wer glaubt, ist nie allein, und deshalb breitet der Glaube sich aus, lädt er andere zu dieser Freude ein. Wer den Glauben empfängt, entdeckt, dass die Räume seines ›Ich‹ weiter werden, und in ihm wachsen neue Beziehungen, die sein Leben bereichern. Tertullian hat dies wirkungsvoll ausgedrückt, wenn er vom Katechumenen spricht, der ›nach dem Bad der Wiedergeburt‹ im Haus der Mutter aufgenommen wird, um die Arme auszubreiten und gleichsam in einer neuen Familie gemeinsam mit den Brüdern zu unserem Vater zu beten.[34]

Die Sakramente und die Weitergabe des Glaubens

40 Die Kirche gibt wie jede Familie den Inhalt ihres Gedächtnisses an ihre Kinder weiter. Wie kann man dies vollbringen, so dass dabei nichts verloren geht und im Gegenteil alles immer mehr vertieft wird im Erbe des Glaubens? Durch die in der Kirche mit Hilfe des Heiligen Geistes bewahrte apostolische Überliefe-

---

34 Vgl. *De Baptismo* 20, 5: *CCL* I, 295.

rung stehen wir in lebendiger Verbindung mit dem grundlegenden Gedächtnis. Und »was von den Aposteln überliefert wurde«, sagt das Zweite Vatikanische Konzil, »umfasst alles, was dem Volk Gottes hilft, ein heiliges Leben zu führen und den Glauben zu mehren. So führt die Kirche in Lehre, Leben und Kult durch die Zeiten weiter und übermittelt allen Geschlechtern alles, was sie selber ist, alles, was sie glaubt.«[35]

Der Glaube benötigt in der Tat einen Bereich, in dem er bezeugt und mitgeteilt werden kann und der dem entsprechend und angemessen ist, was mitgeteilt wird. Um einen bloß lehrmäßigen Inhalt, eine Idee weiterzugeben, würde vielleicht ein Buch oder die Wiederholung einer mündlichen Botschaft genügen. Aber was in der Kirche mitgeteilt wird, was in ihrer lebendigen Tradition weitergegeben wird, ist das neue Licht, das aus der Begegnung mit dem lebendigen Gott kommt; es ist ein Licht, das den Menschen in seinem Innern, im Herzen anrührt und dabei seinen Verstand, seinen Willen und sein Gefühlsleben mit einbezieht und ihn für lebendige Beziehungen in der Gemeinschaft mit Gott und den anderen offen macht. Um diese Fülle weiterzugeben, gibt es ein besonderes Mittel, das den ganzen Menschen ins Spiel bringt: Leib und Geist, Innerlichkeit und Beziehungen. Dieses Mittel sind die

---

35 Dogmatische Konstitution über die göttliche Offenbarung *Dei Verbum*, 8.

Sakramente, die in der Liturgie der Kirche gefeiert werden. In ihnen wird ein inkarniertes Gedächtnis mitgeteilt, das an Räume und Zeiten des Lebens gebunden ist und alle Sinne anspricht; in ihnen ist der Mensch als Mitglied eines lebendigen Subjekts in ein Geflecht gemeinschaftlicher Beziehungen miteinbezogen. Wenn es stimmt, dass die Sakramente die Sakramente des Glaubens[36] sind, muss man daher auch sagen, dass der Glaube eine sakramentale Struktur hat. Die Wiederbelebung des Glaubens führt über die Wiederbelebung eines neuen sakramentalen Sinns des Lebens des Menschen und der christlichen Existenz. Dabei zeigt sich, wie das Sichtbare und Materielle sich auf das Geheimnis der Ewigkeit hin öffnen.

41 Die Weitergabe des Glaubens erfolgt an erster Stelle durch die Taufe. Es könnte scheinen, dass die Taufe nur eine Gelegenheit sei, um das Bekenntnis des Glaubens zu versinnbildlichen, eine pädagogische Handlung für den, der Bilder und Gesten braucht, von denen man aber im Grunde absehen könnte. Ein Wort des heiligen Paulus bezüglich der Taufe erinnert uns daran, dass es nicht so ist. Er sagt: »Wir wurden mit ihm begraben durch die Taufe auf den Tod; und

---

36 Vgl. Zweites Vatikanisches Konzil, Konstitution über die heilige Liturgie *Sacrosanctum Concilium,* 59.

wie Christus durch die Herrlichkeit des Vaters von den Toten auferweckt wurde, so sollen auch wir als neue Menschen leben« (*Röm* 6,4). In der Taufe werden wir zu einer neuen Schöpfung und zu Söhnen und Töchtern Gottes. Der Apostel sagt dann, dass der Christ einer ›Gestalt der Lehre‹ *(typos didachés)* übergeben wurde, der er von Herzen gehorcht (vgl. *Röm* 6,17). In der Taufe erhält der Mensch auch eine zu bekennende Lehre und eine konkrete Lebensform, welche die Einbeziehung seiner ganzen Person erfordert und ihn auf den Weg zum Guten bringt. Er wird in einen neuen Bereich überführt, einem neuen Umfeld übergeben, einer neuen Weise des gemeinschaftlichen Handelns in der Kirche. So erinnert uns die Taufe daran, dass der Glaube nicht Werk eines Einzelwesens ist, nicht eine Tat, die der Mensch allein im Vertrauen auf seine eigenen Kräfte vollbringen kann, sondern dass er empfangen werden muss, und zwar mit dem Eintritt in die kirchliche Gemeinschaft, die das Geschenk Gottes weitergibt: Niemand tauft sich selber, so wie niemand von allein zum Dasein geboren wird. Wir sind getauft worden.

42 Welche sind nun die Taufelemente, die uns in diese neue ›Gestalt der Lehre‹ einführen? Über den Katechumenen wird an erster Stelle der Name der Dreifaltigkeit angerufen: Vater, Sohn und Heiliger Geist. So wird von Anfang an eine Zusammenfassung

des Glaubensweges geboten. Der Gott, der Abraham gerufen hatte und sein Gott genannt werden wollte; der Gott, der dem Mose seinen Namen offenbart hat; der Gott, der uns dadurch, dass er uns seinen Sohn übergeben hat, das Geheimnis seines Namens vollkommen offenbart hat – er gibt dem Getauften eine neue Identität als Kind Gottes. Auf diese Weise erscheint der Sinn der Handlung, die in der Taufe vollzogen wird, das Eintauchen ins Wasser: Das Wasser ist Symbol des Todes, das uns einlädt, über die Bekehrung des eigenen ›Ich‹ dieses auf ein größeres ›Ich‹ hin zu öffnen; aber das Wasser ist zugleich auch Symbol des Lebens, des Mutterschoßes, aus dem wir wiedergeboren werden hinein in das neue Leben Christi. Auf diese Weise, durch das Eintauchen ins Wasser, spricht die Taufe zu uns von der inkarnierten Gestalt des Glaubens. Die Handlung Christi betrifft uns in unserer persönlichen Wirklichkeit, indem sie uns radikal verwandelt, zu Söhnen und Töchtern Gottes macht und an der göttlichen Natur teilhaben lässt. So verändert sie alle unsere Beziehungen – unsere konkrete Situation in der Welt und im Kosmos –, indem sie diese öffnet auf sein eigenes Leben hin, das Gemeinschaft ist. Die der Taufe eigene Dynamik der Verwandlung hilft uns, die Bedeutung des Katechumenats zu erfassen, das heute auch in den Gesellschaften mit alten christlichen Wurzeln, in denen eine zunehmende Zahl von Erwachsenen zum

Taufsakrament hinzutritt, von außerordentlicher Bedeutung für die Evangelisierung ist. Es ist der Weg der Vorbereitung auf die Taufe, der Verwandlung des ganzen Lebens in Christus.

Um den Zusammenhang zwischen Taufe und Glaube zu verstehen, kann es hilfreich sein, an einen Text des Propheten Jesaja zu erinnern, der in der frühchristlichen Literatur mit der Taufe in Verbindung gebracht wurde: »Felsenburgen sind seine Zuflucht … seine Wasserquellen versiegen nicht« (*Jes* 33,16).[37] Der durch das Wasser des Todes befreite Getaufte konnte sich auf dem starken Felsen aufrichten, da er die Festigkeit gefunden hatte, der man vertrauen kann. So ist das Wasser des Todes in Wasser des Lebens verwandelt worden. Der griechische Text beschreibt das Wasser als *pistós,* als ›zuverlässiges‹ Wasser. Das Wasser der Taufe ist zuverlässig: Man kann ihm vertrauen, weil seine Strömung in die Dynamik der Liebe Jesu einführt, der Quelle der Sicherheit für unseren Lebensweg.

43 Die Struktur der Taufe, seine Gestalt als Wiedergeburt, in der wir einen neuen Namen und ein neues Leben erhalten, hilft uns, die Bedeutung und die Wichtigkeit der Taufe von Kindern zu verstehen. Das Kind ist nicht fähig zu einem freien Akt, den Glau-

---

37 Vgl. *Epistula Barnabae* 11, 5: *SC* 172, 162.

ben anzunehmen, es kann ihn noch nicht allein bekennen, und eben deshalb bekennen ihn seine Eltern und Paten in seinem Namen. Der Glaube wird innerhalb der Gemeinschaft der Kirche gelebt, er ist in ein gemeinschaftliches ›Wir‹ eingefügt. So kann das Kind von anderen, von seinen Eltern und Paten, unterstützt und in ihrem Glauben aufgenommen werden, der der Glaube der Kirche ist und der durch das Licht symbolisiert wird, das der Vater während der Taufliturgie von der Osterkerze entnimmt. Diese Struktur der Taufe hebt die Bedeutung des Zusammenwirkens von Kirche und Familie bei der Weitergabe des Glaubens hervor. Nach einem Wort des heiligen Augustinus sind die Eltern berufen, ihre Kinder nicht nur zum Leben zu zeugen, sondern sie zu Gott zu bringen, damit sie durch die Taufe als Kinder Gottes wiedergeboren werden und das Geschenk des Glaubens empfangen.[38] So werden ihnen zusammen mit dem Leben die Grundorientierung des Daseins und die Sicherheit einer guten Zukunft gegeben. Diese Grundorientierung wird dann im Sakrament der Firmung mit dem Siegel des Heiligen Geistes weiter gestärkt.

---

38 Vgl. *De nuptiis et concupiscentia* I, 4, 5: *PL* 44, 413: »Habent quippe intentionem generandi regenerandos, ut qui ex eis saeculi filii nascuntur in Dei filios renascantur.«

44 Die sakramentale Natur des Glaubens findet in der Eucharistie ihren höchsten Ausdruck. Sie ist kostbare Nahrung des Glaubens, Begegnung mit Christus, der wirklich gegenwärtig ist mit dem höchsten Akt der Liebe, der Hingabe seiner selbst, die Leben hervorbringt. In der Eucharistie kreuzen sich die beiden Achsen, auf denen der Glaube seinen Weg geht. Zum einen die Achse der Geschichte: Die Eucharistie ist Gedächtnishandlung, Vergegenwärtigung des Geheimnisses, wo Vergangenes als Geschehen von Tod und Auferstehung sich fähig erweist, auf Zukunft hin zu öffnen, die endgültige Fülle vorwegzunehmen. Die Liturgie erinnert uns daran mit ihrem *hodie*, dem ›Heute‹ der Heilsgeheimnisse. Zum anderen findet sich hier auch die Achse, die von der sichtbaren Welt zum Unsichtbaren führt. In der Eucharistie lernen wir, die Tiefe des Wirklichen zu sehen. Brot und Wein werden in Leib und Blut Christi verwandelt, der auf seinem österlichen Weg zum Vater gegenwärtig wird: Diese Bewegung führt uns mit Leib und Seele hinein in die Bewegung der ganzen Schöpfung hin auf ihre Fülle in Gott.

45 Bei der Feier der Sakramente gibt die Kirche ihr Gedächtnis insbesondere durch das Glaubensbekenntnis weiter. Dabei geht es nicht so sehr darum, seine Zustimmung zu einer Sammlung von abstrakten Wahrheiten zu geben. Im Gegenteil, durch das

Bekenntnis des Glaubens tritt das ganze Leben ein in einen Weg hin auf die volle Gemeinschaft mit dem lebendigen Gott. Wir können sagen, dass beim Credo der Glaubende eingeladen wird, in das Geheimnis einzutreten, das er bekennt, und von dem verwandelt zu werden, was er bekennt. Um den Sinn dieser Aussage zu verstehen, denken wir vor allem an den Inhalt des Credos. Dieses hat einen trinitarischen Aufbau: Der Vater und der Sohn sind eins im Geist der Liebe. Der Glaubende sagt so, dass die Mitte des Seins, das tiefste Geheimnis aller Dinge die innergöttliche Gemeinschaft ist. Außerdem enthält das Credo auch ein christologisches Bekenntnis: Es werden die Geheimnisse des Lebens Jesu bis zu seinem Tod, seiner Auferstehung und Himmelfahrt durchlaufen in der Erwartung seiner Wiederkunft in Herrlichkeit. Es wird also gesagt, dass dieser Gott, der Gemeinschaft ist – Austausch der Liebe von Vater und Sohn im Geist –, die ganze Geschichte des Menschen zu umfangen vermag und fähig ist, ihn in die Dynamik seiner Gemeinschaft hineinzuführen, die ihren Ursprung und ihr Endziel im Vater hat. Wer den Glauben bekennt, sieht sich in die Wahrheit, die er bekennt, einbezogen. Er kann die Worte des Credos nicht in Wahrheit aussprechen, ohne dadurch verwandelt zu werden, ohne sich auf die Geschichte der Liebe einzulassen, die ihn umfängt, die sein Leben weitet und ihn zu einem Teil einer großen Gemeinschaft werden lässt, des eigentlichen Subjekts, das das Credo spricht, nämlich die Kirche. Alle Wahrheiten, an die man glaubt, sprechen vom Geheimnis des neuen Lebens im Glauben als einem Weg der Gemeinschaft mit dem lebendigen Gott.

Glaube, Gebet und Dekalog

46 Zwei weitere Elemente sind bei der treuen Weitergabe des Gedächtnisses der Kirche wesentlich. An erster Stelle das Gebet des Herrn, das Vaterunser. Mit diesem Gebet lernt der Christ, die persönliche geistliche Erfahrung Christi zu teilen, und beginnt, mit den Augen Christi zu sehen. Von ihm her, dem Licht vom Licht, vom eingeborenen Sohn des Vaters lernen auch wir Gott kennen und können wir in anderen den Wunsch entfachen, sich ihm zu nähern.

Ebenso wichtig ist ferner die Verbindung zwischen Glaube und Dekalog. Wir haben gesagt, der Glaube erscheint als ein Unterwegssein, als ein Weg, der beschritten werden muss, der offen ist für die Begegnung mit dem lebendigen Gott. Im Licht des Glaubens, der völligen Hingabe an den rettenden Gott erhält deshalb der Dekalog seine tiefere Wahrheit, die in den Einleitungsworten zu den zehn Geboten enthalten ist: »Ich bin Jahwe, dein Gott, der dich aus Ägypten geführt hat« (*Ex* 20,2). Der Dekalog ist nicht eine Sammlung von negativen Vorschriften, sondern von konkreten Weisungen, um aus der Wüste des selbstbezogenen, in sich verschlossenen Ich herauszukommen und in Dialog mit Gott treten zu können, während man sich von seiner Barmherzigkeit umfangen lässt, um selber Barmherzigkeit zu bringen. So bekennt der Glaube die Liebe Gottes, von der alles kommt und die alles trägt; er lässt sich von dieser Liebe bewegen, um unterwegs zu sein zur Fülle der Gemeinschaft mit Gott. Der Dekalog erscheint als der Weg der Dankbarkeit, der Antwort aus Liebe, der möglich ist, weil wir uns im Glauben für die Erfahrung der verwandelnden Liebe Gottes zu uns geöffnet haben. Und dieser Weg wird von dem neu beleuchtet, was Jesus in der Bergpredigt lehrt (vgl. *Mt* 5–7).

Ich habe so die vier Elemente angesprochen, die den Schatz des Gedächtnisses zusammenfassen, den die Kirche weitergibt: das Bekenntnis des Glaubens, die Feier der Sakramente, der Weg des Dekalogs, das Gebet. Die Katechese der Kirche wurde traditionsgemäß um diese Elemente herum aufgebaut, einschließlich des Katechismus der Katholischen Kirche. Dieser ist ein Grundwerkzeug für jenes einheitliche Wirken, mit dem die Kirche den ganzen Inhalt des Glaubens übermittelt, nämlich »alles, was sie selber ist, alles, was sie glaubt«.[39]

---

39 Zweites Vatikanisches Konzil, Dogmatische Konstitution über die göttliche Offenbarung *Dei Verbum*, 8.

Die Einheit und die Unversehrtheit des Glaubens

47 Die Einheit der Kirche in Zeit und Raum ist mit der Einheit des Glaubens verknüpft: »Ein Leib und ein Geist, […] ein Glaube« (*Eph* 4,4–5). Heute mag eine Einheit der Menschen in einem gemeinsamen Einsatz, im gegenseitigen Wohlwollen, im Teilen ein und desselben Loses, in einem gemeinsamen Ziel realisierbar erscheinen. Aber wir haben große Schwierigkeiten damit, eine Einheit in derselben Wahrheit zu sehen. Es scheint, eine solche Einheit setze sich der Freiheit des Denkens und der Autonomie des Subjekts entgegen. Die Erfahrung der Liebe sagt uns hingegen, dass es gerade in der Liebe möglich ist, eine gemeinsame Vorstellung zu haben, dass wir in ihr lernen, die Wirklichkeit mit den Augen des anderen zu sehen, und dass uns dies nicht ärmer macht, sondern unsere Sicht bereichert. Die wirkliche Liebe nach dem Maß der göttlichen Liebe erfordert die Wahrheit, und in der gemeinsamen Sicht der Wahrheit, die Jesus Christus ist, wird sie tief und fest. Dies ist auch die Freude am Glauben, die Einheit der Sicht in einem Leib und einem Geist. In diesem Sinn konnte der heilige Leo der Große sagen: »Wenn der Glaube nicht einer ist, ist er kein Glaube«.[40]

---

40 *In nativitate Domini sermo* 4, 6: *SC* 22, 110.

Welches ist das Geheimnis dieser Einheit? Der Glaube ist erstens einer wegen der Einheit des erkannten und bekannten Gottes. Alle Glaubensartikel beziehen sich auf ihn, sind Wege, um sein Sein und Handeln zu erkennen. Sie besitzen deshalb eine Einheit, die jeder anderen überlegen ist, die wir mit unserem Denken bewerkstelligen können; sie besitzen die Einheit, die uns bereichert, weil sie sich uns mitteilt und uns eins macht.

Der Glaube ist sodann einer, weil er sich an den einen Herrn richtet, an das Leben Jesu, an seine konkrete Geschichte, die er mit uns teilt. Der heilige Irenäus von Lyon hat dies in Abgrenzung von den Häretikern der Gnosis klargestellt. Diese behaupteten, dass es zwei Arten von Glauben gebe: einen rohen, unvollkommenen Glauben, den Glauben der Einfachen, der auf der Stufe des Fleisches Christi und der Betrachtung seiner Geheimnisse bleibt; und dann einen tieferen und vollkommeneren Glauben, den wahren Glauben, der einem kleinen Kreis von Eingeweihten vorbehalten ist und der sich mit dem Verstand über das Fleisch Christi hinaus zu den Geheimnissen der unbekannten Gottheit erhebt. Gegenüber diesem Anspruch, der weiterhin seinen Reiz ausübt und selbst in unseren Tagen seine Anhänger hat, bekräftigt der heilige Irenäus, dass der Glaube ein einziger ist, da er immer über den konkreten Punkt der Menschwerdung geht, ohne je das Fleisch und die Geschichte Christi zu überwinden, denn darin wollte Gott sich vollkommen offenbaren. Deswegen besteht kein Unterschied zwischen dem Glauben dessen, ›der viel über ihn zu sagen weiß‹, und dessen, ›der nur wenig sagen kann‹, zwischen dem Besseren und dem weniger Fähigen: weder kann der Erste den Glauben vermehren noch der Zweite ihn verringern.[41]

Schließlich ist der Glaube einer, weil er von der ganzen Kirche geteilt wird, die ein Leib und ein Geist ist. In der Gemeinschaft des einen Subjekts – der Kirche – erhalten wir einen gemeinsamen Blick. Da wir denselben Glauben bekennen, ruhen wir auf demselben Felsen, werden wir von demselben Geist der Liebe verwandelt, strahlen wir ein einziges Licht aus und sehen auf gleiche Weise die Wirklichkeit.

48 Da der Glaube einer ist, muss er in seiner ganzen Reinheit und Unversehrtheit bekannt werden. Gerade weil alle Glaubensartikel in Einheit verbunden sind, bedeutet, einen von ihnen zu leugnen, selbst von denen, die weniger wichtig zu sein scheinen, gleichsam dem Ganzen zu schaden. Jede Epoche macht die Erfahrung, dass einzelne Aspekte des Glaubens leichter oder schwieriger angenommen werden können: Deswegen ist es wichtig, wachsam zu sein, damit das ganze Glaubensgut weitergegeben wird (vgl. *1 Tim*

---

41 Vgl. Irenäus, *Adversus haereses* I, 10, 2: *SC* 264, 160.

6,20), damit in angemessener Weise auf alle Aspekte des Bekenntnisses des Glaubens bestanden wird. Insofern die Einheit des Glaubens die Einheit der Kirche ist, heißt etwas vom Glauben wegnehmen in der Tat etwas von der Wahrheit der Gemeinschaft wegnehmen. Die Kirchenväter haben in Analogie zum Leib Christi und seinem Fortbestehen in der Kirche den Glauben als einen Leib mit verschiedenen Gliedern, als den Leib der Wahrheit beschrieben.[42] Die Unversehrtheit des Glaubens wurde auch in Verbindung mit dem Bild der Kirche als Jungfrau gesehen, mit ihrer Treue in der bräutlichen Liebe zu Christus: Den Glauben zu beschädigen bedeutet, der Gemeinschaft mit dem Herrn Schaden zuzufügen.[43] Die Einheit des Glaubens ist also die eines lebendigen Organismus. Das hat der selige John Henry Newman sehr schön hervorgehoben, als er unter den Kennzeichen zur Unterscheidung der Kontinuität der Lehre in der Zeit ihr Vermögen aufzählte, alles in sich zu assimilieren, was sie in den verschiedenen Bereichen, wo sie hingelangt, und in den verschiedenen Kulturen, denen sie begegnet, vorfindet.[44] Dabei

---

42 Vgl. ebd., II, 27, 1: *SC* 294, 264.

43 Vgl. Augustinus, *De sancta virginitate* 48,48: *PL* 40, 424–425: »Servatur et in fide inviolata quaedam castitas virginalis, qua Ecclesia uni viro virgo casta cooptatur«.

44 Vgl. *An essay on the development of Christian Doctrine (1878),* Uniform Edition: Longmans, Green and Company, London, 1868–1881, 185–189.

läutert sie alles und bringt es zu seinem besten Ausdruck. So zeigt sich der Glaube als universal, als katholisch, da sein Licht zunimmt, um den ganzen Kosmos und die ganze Geschichte zu erleuchten.

49 Als Dienst an der Einheit des Glaubens und an seiner unversehrten Weitergabe hat der Herr der Kirche die Gabe der apostolischen Sukzession geschenkt. Durch sie wird die Kontinuität des Gedächtnisses der Kirche gewährleistet und ist es möglich, sicher aus der reinen Quelle zu schöpfen, aus der der Glaube kommt. Die Garantie der Verbindung mit dem Ursprung wird also von lebendigen Personen gegeben, was dem lebendigen Glauben entspricht, den die Kirche weitergibt. Er stützt sich auf die Treue der Zeugen, die vom Herrn für diese Aufgabe ausgewählt werden. Deshalb spricht das Lehramt immer in Gehorsam gegenüber dem ursprünglichen Wort, auf das sich der Glaube gründet; und es ist verlässlich, weil es dem Wort vertraut, das es hört, bewahrt und auslegt.[45] In seiner Abschiedsrede an die Ältesten von Ephesus in Milet, die vom heiligen Lukas in die Apostelgeschichte aufgenommen wurde, bezeugt der heilige Paulus, den ihm vom Herrn anvertrauten Auftrag erfüllt zu haben, »den

---

45 Vgl. Zweites Vatikanisches Konzil, Dogmatische Konstitution über die göttliche Offenbarung *Dei Verbum,* 10.

ganzen Willen Gottes zu verkünden« (*Apg* 20,27). Dank des Lehramts der Kirche kann dieser Wille unversehrt auf uns kommen und mit ihm die Freude, ihn vollkommen zu erfüllen.

VIERTES KAPITEL

GOTT BEREITET FÜR SIE EINE STADT
(vgl. *Hebr* 11,16)

Der Glaube und das Gemeinwohl

50 Bei der Vorstellung der Geschichte der Patriarchen und der Gerechten des Alten Testaments hebt der *Hebräerbrief* einen wesentlichen Aspekt ihres Glaubens hervor. Dieser gestaltet sich nicht nur als ein Weg, sondern auch als die Errichtung, als die Vorbereitung eines Ortes, an dem der Mensch gemeinsam mit den anderen wohnen kann. Der erste Erbauer ist Noach, der in der Arche seine Familie retten kann (vgl. *Hebr* 11,7). Dann erscheint Abraham, von dem gesagt wird, dass er aufgrund des Glaubens in Zelten wohnte, da er die Stadt mit festen Grundmauern erwartete (vgl. *Hebr* 11,9–10). In Bezug auf den Glauben entsteht also eine neue Verlässlichkeit, eine neue Festigkeit, die allein Gott schenken kann. Wenn der Mensch des Glaubens auf Gott baut, der das Amen ist, auf Gott, den Getreuen (vgl. *Jes* 65,16), und er so selbst fest wird, können wir hinzufügen, dass die Festigkeit des Glaubens sich auch auf die Stadt bezieht, die Gott für den Men-

schen vorbereitet. Der Glaube offenbart, wie fest die
Bande zwischen den Menschen sein können, wenn
Gott in ihrer Mitte gegenwärtig wird. Der Glaube ruft
nicht nur eine innere Festigkeit wach, eine feste Überzeugung des Glaubenden; er erleuchtet auch die zwischenmenschlichen Beziehungen, weil er aus der Liebe
kommt und der Dynamik der Liebe Gottes folgt. Der
verlässliche Gott schenkt den Menschen eine verlässliche Stadt.

51 Dank seiner Verbindung mit der Liebe (vgl.
Gal 5,6) stellt sich das Licht des Glaubens in
den konkreten Dienst der Gerechtigkeit, des Rechts
und des Friedens. Der Glaube geht aus der Begegnung
mit der ursprünglichen Liebe Gottes hervor, aus der der
Sinn und die Güte unseres Lebens deutlich werden; das
Leben wird in dem Maß erleuchtet, in dem es in die
von dieser Liebe eröffnete Dynamik eintritt, insofern
es nämlich Weg und Übung hin zur Fülle der Liebe
wird. Das Licht des Glaubens ist in der Lage, den
Reichtum der menschlichen Beziehungen zur Geltung
zu bringen sowie ihre Fähigkeit, bestehen zu bleiben,
verlässlich zu sein und das Leben in Gemeinschaft zu
bereichern. Der Glaube entfernt nicht von der Welt
und steht dem konkreten Einsatz unserer Zeitgenossen
nicht unbeteiligt gegenüber. Ohne eine verlässliche
Liebe könnte nichts die Menschen wirklich geeint hal-

ten. Die Einheit zwischen ihnen wäre nur denkbar als eine Einheit, die auf Nützlichkeit, auf die Zusammenlegung der Interessen oder auf Angst gegründet ist, aber nicht auf das Gut des Miteinanders und auf die Freude, die die bloße Gegenwart des anderen hervorrufen kann. Der Glaube macht die Strukturen der menschlichen Beziehungen einsichtig, weil er deren Urgrund und letzte Bestimmung in Gott, in seiner Liebe erfasst. Sein Licht fördert die Fähigkeit, solche Strukturen aufzubauen. So wird er zu einem Dienst am Gemeinwohl. Ja, der Glaube ist ein Gut für alle, er ist ein Gemeingut; sein Licht erleuchtet nicht nur das Innere der Kirche, noch dient er allein der Errichtung einer ewigen Stadt im Jenseits; er hilft uns, unsere Gesellschaften so aufzubauen, dass sie einer Zukunft voller Hoffnung entgegengehen. Diesbezüglich bietet der *Hebräerbrief* ein Beispiel, wenn er unter den Gestalten des Glaubens Samuel und David erwähnt, denen es der Glaube ermöglichte, »Gerechtigkeit zu üben« (11,33). Der Ausdruck bezieht sich hier auf ihre Gerechtigkeit beim Regieren, auf jene Klugheit, die dem Volk den Frieden bringt (vgl. *1 Sam* 12,3–5; *2 Sam* 8,15). Die Hände des Glaubens erheben sich zum Himmel, aber gleichzeitig bauen sie in der Liebe eine Stadt auf, die auf Beziehungen gründet, deren Fundament die Liebe Gottes ist.

Der Glaube und die Familie

52 Auf dem Weg Abrahams zur künftigen Stadt erwähnt der *Hebräerbrief* den Segen, der von den Eltern an die Kinder weitergegeben wird (vgl. *Hebr* 11,20–21). Der erste Bereich, in dem der Glaube die Stadt der Menschen erleuchtet, findet sich in der Familie. Vor allem denke ich an die dauerhafte Verbindung von Mann und Frau in der Ehe. Sie entsteht aus ihrer Liebe, die Zeichen und Gegenwart der Liebe Gottes ist, und aus der Anerkennung und Annahme des Gutes der geschlechtlichen Verschiedenheit, durch welche die Ehegatten ein Fleisch werden können (vgl. *Gen* 2,24) und fähig sind, neues Leben zu zeugen, das Ausdruck der Güte des Schöpfers, seiner Weisheit und seines Plans der Liebe ist. Auf diese Liebe gegründet, können sich Mann und Frau mit einer Geste, die ihr ganzes Leben mit einbezieht und in vielen Zügen an den Glauben erinnert, die gegenseitige Liebe versprechen. Eine Liebe zu versprechen, die für immer gilt, ist möglich, wenn man einen Plan entdeckt, der größer ist als die eigenen Pläne, der uns trägt und uns erlaubt, der geliebten Person die ganze Zukunft zu schenken. Der Glaube hilft auch, die Zeugung von Kindern in ihrer ganzen Tiefe und ihrem ganzen Reichtum zu erfassen, da er darin die Schöpferliebe erkennen lässt, die uns das Geheimnis eines neuen Menschen schenkt und anvertraut.

So ist Sara aufgrund ihres Glaubens Mutter geworden, da sie auf Gottes Treue zu seiner Verheißung zählte (vgl. *Hebr* 11,11).

53 In der Familie begleitet der Glaube alle Lebensalter, angefangen von der Kindheit: Die Kinder lernen, der Liebe ihrer Eltern zu trauen. Deshalb ist es wichtig, dass die Eltern gemeinsam den Glauben in der Familie praktizieren und so die Reifung des Glaubens der Kinder begleiten. Vor allem die jungen Menschen, die in einem Lebensalter stehen, das für den Glauben so vielschichtig, reich und wichtig ist, sollen die Nähe und Zuwendung der Familie und der kirchlichen Gemeinde auf ihrem Weg des Wachsens im Glauben spüren. Wir alle haben gesehen, wie auf den Weltjugendtagen die jungen Menschen ihre Freude am Glauben und das Bemühen erkennen lassen, einen immer festeren und großherzigeren Glauben zu leben. Die jungen Menschen wollen Großes im Leben. Christus zu begegnen und sich von seiner Liebe ergreifen und führen zu lassen, weitet den Horizont des Lebens und gibt ihm eine feste Hoffnung, die nicht zugrunde gehen lässt. Der Glaube ist nicht eine Zuflucht für Menschen ohne Mut, er macht vielmehr das Leben weit. Er lässt eine große Berufung entdecken, die Berufung zur Liebe, und er garantiert, dass diese Liebe verlässlich ist und es wert ist, sich ihr zu übereignen, da ihr

Fundament auf der Treue Gottes steht, die stärker ist als all unsere Schwäche.

Ein Licht für das Leben in der Gesellschaft

54 In der Familie aufgenommen und vertieft, wird der Glaube ein Licht, um alle sozialen Beziehungen zu erleuchten. Als Erfahrung der Barmherzigkeit Gottes, des Vaters, weitet er sich dann zu einem Unterwegssein als Brüder und Schwestern. In der ›Moderne‹ wurde versucht, eine universale Brüderlichkeit unter den Menschen auf der Grundlage ihrer Gleichheit aufzubauen. Nach und nach haben wir aber verstanden, dass diese Brüderlichkeit, die des Bezugs auf einen gemeinsamen Vater als ihr letztes Fundament entbehrt, nicht zu bestehen vermag. Es ist also nötig, zur wahren Wurzel der Brüderlichkeit zurückzukehren. Die Geschichte des Glaubens ist von ihrem Anbeginn an eine Geschichte der Brüderlichkeit gewesen, wenn auch nicht frei von Konflikten. Gott ruft Abraham, aus seinem Land wegzuziehen, und verspricht ihm, ihn zu einer großen Nation, zu einem großen Volk zu machen, auf dem der göttliche Segen liegt (vgl. *Gen* 12,1–3). Während die Heilsgeschichte fortschreitet, entdeckt der Mensch, dass Gott alle als Brüder und Schwestern an dem einen Segen teilhaben lassen will, der in Jesus seine Fülle findet, damit alle eins würden. Die uner-

95

schöpfliche Liebe des Vaters wird uns in Jesus auch durch die Gegenwart des Bruders mitgeteilt. Der Glaube lehrt uns zu sehen, dass in jedem Menschen ein Segen für mich gegeben ist, dass das Licht des Antlitzes Gottes mich durch das Gesicht des Bruders erleuchtet.

Wie viele Wohltaten hat die Sicht des christlichen Glaubens der Stadt der Menschen für ihr Gemeinschaftsleben gebracht! Dank des Glaubens haben wir die einzigartige Würde jedes einzelnen Menschen erfasst, die in der antiken Welt nicht so klar ersichtlich war. Im zweiten Jahrhundert warf der Heide Celsus den Christen vor, was er für eine Illusion und eine Täuschung hielt: nämlich zu meinen, Gott habe die Welt für den Menschen erschaffen und ihn an die Spitze des ganzen Kosmos gesetzt. Er fragte sich: »Wenn man sagt, dass diese Dinge [die Pflanzen] für die Menschen wachsen, warum wird man dann sagen, dass sie eher für die Menschen wachsen als für die vernunftlosen und wildesten Tiere?«[46] »Nun, wenn jemand vom Himmel herabschauen könnte, worin würden sich dann unsere Tätigkeiten von denen der Ameisen und Bienen unterscheiden?«[47] In der Mitte des biblischen Glaubens steht die Liebe Gottes, seine konkrete Sorge um jeden Men-

---

46 Origenes, *Contra Celsum* IV, 75: *SC* 136, 372.
47 Ebd., 85: *SC* 136, 394.

schen, sein Heilsplan, der die ganze Menschheit und die ganze Schöpfung umfasst und seinen Höhepunkt in der Menschwerdung, im Tod und in der Auferstehung Jesu Christi erreicht. Wenn diese Wirklichkeit verdunkelt wird, fällt das Kriterium weg, um zu unterscheiden, was das Leben des Menschen kostbar und einzigartig macht. Der Mensch verliert seine Stellung im Universum; er verliert sich in der Natur und verzichtet auf seine moralische Verantwortung, oder er maßt sich an, absoluter Herr zu sein, und schreibt sich grenzenlose Macht zur Manipulation zu.

55 Der Glaube lässt uns außerdem durch die Offenbarung der Liebe Gottes, des Schöpfers, die Natur mehr achten, da er uns in ihr eine von Gott eingeschriebene Grammatik und eine Wohnstatt erkennen lässt, die uns anvertraut ist, damit wir sie pflegen und hüten. Er hilft uns, Entwicklungsmodelle zu finden, die nicht allein auf Nutzen und Profit gründen, sondern die Schöpfung als Gabe anerkennen, deren Schuldner wir alle sind. Er lehrt uns, gerechte Regierungsformen zu ermitteln und dabei anzuerkennen, dass die Autorität von Gott kommt, um sich in den Dienst des Gemeinwohls zu stellen. Der Glaube bietet auch die Möglichkeit zur Vergebung, die oftmals Zeit, Mühe, Geduld und Einsatz benötigt; eine Vergebung, die möglich ist, wenn man entdeckt, dass das Gute stets ursprünglicher und stärker ist als das Böse, dass das Wort, mit dem Gott unser Leben bejaht, tiefer ist als all unser Nein. Übrigens ist die Einheit auch unter rein anthropologischem Gesichtspunkt dem Konflikt überlegen; wir müssen auch den Konflikt auf uns nehmen, aber das Einlassen auf ihn muss uns dazu bringen, ihn zu lösen, zu überwinden, indem wir ihn in ein Glied einer Kette, in Entwicklung zur Einheit hin verwandeln.

Wenn der Glaube schwindet, besteht die Gefahr, dass auch die Grundlagen des Lebens dahinschwinden, wie der Dichter T. S. Eliot mahnte: »Muss man euch denn sagen, dass sogar so bescheidene Errungenschaften, mit denen ihr angeben könnt nach Art einer gesitteten Gesellschaft, kaum den Glauben überleben werden, dem sie ihre Bedeutung schulden?«[48] Wenn wir den Glauben an Gott aus unseren Städten wegnehmen, dann würde das Vertrauen unter uns schwächer werden, würden wir nur aus Angst geeint bleiben, und die Stabilität wäre gefährdet. Der *Hebräerbrief* sagt: »Er schämt sich nicht, ihr Gott genannt zu werden; denn er hat für sie eine Stadt vorbereitet« (*Hebr* 11,16). Der Ausdruck ›sich nicht schämen‹ wird mit einer öffentlichen Anerkennung assoziiert. Das will heißen, dass Gott mit seinem konkreten Handeln seine Gegenwart unter uns,

---

48 *Choruses from The Rock,* in: *The Collected Poems and Plays 1909–1950,* New York 1980, 106.

seinen Wunsch, die zwischenmenschlichen Beziehungen zu festigen, öffentlich bekennt. Sind es vielleicht wir, die wir uns schämen, Gott unseren Gott zu nennen? Sind wir es, die ihn als solchen in unserem Leben in der Öffentlichkeit nicht bekennen und die Größe des Lebens der Gemeinschaft nicht darstellen, die er möglich macht? Der Glaube macht das Leben in der Gesellschaft hell. Er besitzt ein schöpferisches Licht für jeden neuen Moment der Geschichte, weil er alle Ereignisse in Beziehung setzt zum Ursprung und Ziel von allem im Vater, der uns liebt.

Eine tröstende Kraft im Leiden

56 Der heilige Paulus stellt, als er den Christen in Korinth von seinen Schwierigkeiten und Sorgen schreibt, seinen Glauben mit der Verkündigung des Evangeliums in Zusammenhang. Er sagt nämlich, dass sich in ihm die Schriftstelle erfüllt: »Ich habe geglaubt, darum habe ich geredet« (2 Kor 4,13). Der Apostel bezieht sich auf ein Wort des Psalms 116, wo der Psalmist ausruft: »Voll Vertrauen war ich, auch wenn ich sagte: Ich bin so tief gebeugt« (V. 10). Vom Glauben zu reden schließt oft ein, auch von schmerzlichen Prüfungen zu reden, aber genau darin sieht der heilige Paulus die überzeugendere Verkündigung des Evangeliums, weil in der Schwachheit und im Leiden

Gottes Kraft zutage tritt und entdeckt wird, die unsere Schwachheit und unser Leiden übersteigt. Der Apostel selbst befindet sich in einer todesähnlichen Situation, die zum Leben wird für die Christen (vgl. *2 Kor* 4,7–12). In der Stunde der Prüfung erleuchtet uns der Glaube, und gerade im Leiden und in der Schwachheit wird deutlich: »Wir verkündigen [...] nicht uns selbst, sondern Jesus Christus als den Herrn« (*2 Kor* 4,5). Das elfte Kapitel des *Hebräerbriefes* schließt mit dem Hinweis auf diejenigen, die aufgrund des Glaubens gelitten haben (vgl. Vv. 35–38), unter denen Mose eine besondere Stellung einnimmt, der die Schmach des Messias auf sich genommen hat (vgl. V. 26). Der Christ weiß, dass das Leiden nicht beseitigt werden, aber einen Sinn erhalten kann, dass es zu einem Akt der Liebe und des Sich-Anvertrauens in die Hände Gottes, der uns nicht verlässt, und auf diese Weise zu einer Stufe des Wachstums im Glauben und in der Liebe werden kann. Wenn er betrachtet, wie Christus auch im Augenblick des größten Leidens am Kreuz (vgl. *Mk* 15,34) mit dem Vater eins ist, lernt der Christ, an der Sicht Jesu selbst teilzunehmen. Sogar der Tod wird hell und kann als letzter Ruf des Glaubens erlebt werden, als letztes ›Zieh weg aus deinem Land‹ (*Gen* 12,1), als letztes ›Komm‹, das der Vater spricht. Ihm übergeben wir uns in dem Vertrauen, dass er uns auch beim endgültigen Schritt stark machen wird.

57 Das Licht des Glaubens lässt uns nicht die Leiden der Welt vergessen. Für wie viele Männer und Frauen des Glaubens waren die Leidenden Mittler des Lichts! So der Leprakranke für den heiligen Franz von Assisi oder für die selige Mutter Teresa von Kalkutta ihre Armen. Sie haben das Geheimnis verstanden, das in ihnen zugegen ist. Sicher haben sie nicht alle ihre Leiden getilgt, wenn sie sich ihnen genähert haben, und konnten auch nicht jedes Übel erklären. Der Glaube ist nicht ein Licht, das all unsere Finsternis vertreibt, sondern eine Leuchte, die unsere Schritte in der Nacht leitet, und dies genügt für den Weg. Dem Leidenden gibt Gott nicht einen Gedanken, der alles erklärt, sondern er bietet ihm seine Antwort an in Form einer begleitenden Gegenwart, einer Geschichte des Guten, die sich mit jeder Leidensgeschichte verbindet, um in ihr ein Tor zum Licht aufzutun. In Christus wollte Gott selbst diesen Weg mit uns teilen und sein Sehen schenken, um darin das Licht zu schauen. Christus, der den Schmerz erduldet hat, ist »der Urheber und Vollender des Glaubens« (*Hebr* 12,2).

Das Leiden erinnert uns daran, dass der Dienst des Glaubens am Gemeinwohl immer ein Dienst der Hoffnung ist, die vorwärts blickt. Denn sie weiß, dass unsere Gesellschaft allein von Gott her, von der Zukunft, die vom auferstandenen Jesus kommt, eine feste und dauerhafte Basis finden kann. In diesem Sinn ist der Glaube mit der Hoffnung verbunden, da wir, auch wenn unsere irdische Wohnung zerfällt, eine ewige Wohnung haben, die Gott bereits in Christus, in seinem Leib, errichtet hat (vgl. *2 Kor* 4,16–5,5). Die Dynamik des Glaubens, der Hoffnung und der Liebe (vgl. *1 Thess* 1,3; *1 Kor* 13,13) lässt uns so auf unserem Weg hin zu jener Stadt, »die Gott selbst geplant und gebaut hat« (*Hebr* 11,10), für die Sorgen aller Menschen eintreten, denn »die Hoffnung lässt nicht zugrunde gehen« (*Röm* 5,5).

In Einheit mit dem Glauben und der Liebe leitet uns die Hoffnung in eine sichere Zukunft, die sich von den trügerischen Angeboten der Götzen der Welt deutlich unterscheidet, aber dem täglichen Leben neuen Schwung und neue Kraft verleiht. Lassen wir uns nicht die Hoffnung stehlen; lassen wir nicht zu, dass sie vereitelt wird durch unmittelbare Lösungen und Angebote, die uns auf dem Weg aufhalten und die Zeit ›aufsplittern‹ und in Raum umwandeln. Die Zeit steht immer über dem Raum. Der Raum lässt die Vorgänge erstarren, die Zeit hingegen führt sie in die Zukunft und drängt, voll Hoffnung voranzugehen.

Selig, die geglaubt hat (vgl. Lk 1,45)

58 Im Gleichnis vom Sämann überliefert uns der heilige Lukas die folgenden Worte, mit denen der Herr die Bedeutung des ›guten Bodens‹ erklärt: »Auf guten Boden ist der Samen bei denen gefallen, die das

Wort mit gutem und aufrichtigem Herzen hören, daran festhalten und durch ihre Ausdauer Frucht bringen« (*Lk* 8,15). Im Kontext des *Lukasevangeliums* stellt die Erwähnung des guten und aufrichtigen Herzens, der Hinweis auf das gehörte und bewahrte Wort, eine indirekte Abbildung des Glaubens der Jungfrau Maria dar. Derselbe Evangelist spricht von dem Erinnern Marias, davon, wie sie alles, was sie gehört und gesehen hat, in ihrem Herzen bewahrte, so dass das Wort in ihrem Leben Frucht bringen konnte. Die Mutter des Herrn ist eine vollkommene Ikone des Glaubens, wie die heilige Elisabeth ausrief: »Selig ist die, die geglaubt hat« (*Lk* 1,45).

In Maria, der Tochter Sion, erfüllt sich die lange Geschichte des Glaubens im Alten Testament mit der Erzählung vieler gläubiger Frauen, angefangen von Sara, die neben den Patriarchen der Ort waren, an dem sich die Verheißung Gottes erfüllte und das neue Leben erblühte. In der Fülle der Zeit erging das Wort Gottes an Maria, und mit ihrem ganzen Sein nahm sie es in ihrem Herzen auf, damit es in ihr Fleisch annehme und aus ihr geboren werde als Licht für die Menschen. Der heilige Märtyrer Justinus verwendet in seinem Dialog mit Tryphon einen schönen Ausdruck, wenn er sagt, dass Maria, als sie die Botschaft des Engels annahm, ›Glaube und Freude‹[49] empfing. In der Mutter Jesu

---

49 Vgl. *Dialogus cum Tryphone Iudaeo* 100, 5: *PG* 6, 710.

zeigte sich der Glaube in der Tat reich an Frucht, und wenn unser geistliches Leben Frucht bringt, werden wir mit Freude erfüllt, was das deutlichste Zeichen der Größe des Glaubens ist. Maria hat in ihrem Leben den Pilgerweg des Glaubens in der Nachfolge ihres Sohnes erfüllt.[50] So wurde in Maria der Glaubensweg des Alten Testaments aufgenommen in die Nachfolge Jesu hinein und lässt sich von ihm verwandeln, indem er in die dem menschgewordenen Gottessohn eigene Sichtweise eintritt.

59 Wir können sagen, dass an der seligen Jungfrau Maria sich erfüllt, was ich vorhin nachdrücklich betont habe, nämlich dass der Glaubende in sein Bekenntnis des Glaubens ganz und gar mit hinein genommen ist. Maria ist durch ihre Beziehung zu Jesus eng mit dem verbunden, was wir glauben. In der jungfräulichen Empfängnis Jesu in Maria haben wir ein klares Zeichen der Gottessohnschaft Christi. Der ewige Ursprung Christi ist im Vater; er ist der Sohn in vollem und einzigartigem Sinn; und deshalb wird er in der Zeit geboren ohne Zutun eines Mannes. Als Sohn kann Jesus der Welt einen neuen Anfang und ein neues Licht bringen, die Fülle der treuen Liebe Gottes, der

---

50 Vgl. Zweites Vatikanisches Konzil, Dogmatische Konstitution über die Kirche *Lumen gentium,* 58.

sich den Menschen übergibt. Andererseits hat die wirkliche Mutterschaft Marias sichergestellt, dass der Sohn
Gottes eine echte menschliche Geschichte hat und ein
wahres Fleisch, in dem er am Kreuz sterben und von
den Toten auferstehen konnte. Maria begleitete ihn bis
unter das Kreuz (vgl. *Joh* 19,25), von wo aus sich ihre
Mutterschaft auf jeden Jünger ihres Sohnes erstrecken
sollte (vgl. *Joh* 19,26–27). Nach der Auferstehung und
Himmelfahrt Jesu war sie auch im Abendmahlssaal zugegen, um mit den Aposteln um die Gabe des Geistes
zu bitten (vgl. *Apg* 1,14). Der Strom der Liebe zwischen
Vater und Sohn im Geist hat unsere Geschichte durchlaufen; Christus zieht uns zu sich, um uns retten zu
können (vgl. *Joh* 12,32). In der Mitte des Glaubens
steht das Bekenntnis zu Jesus, dem Sohn Gottes, geboren von einer Frau, der uns durch die Gabe des Heiligen Geistes in die Gotteskindschaft hineinführt (vgl.
Gal 4,4–6).

60 Im Gebet wenden wir uns an Maria, die Mutter
der Kirche und die Mutter unseres Glaubens.
Hilf, o Mutter, unserem Glauben!

Öffne unser Hören dem Wort, damit wir die
Stimme Gottes und seinen Anruf erkennen.

Erwecke in uns den Wunsch, seinen Schritten zu
folgen, indem wir aus unserem Land wegziehen und
seine Verheißung annehmen.

Hilf uns, dass wir uns von seiner Liebe anrühren lassen, damit wir ihn im Glauben berühren können.

Hilf uns, dass wir uns ihm ganz anvertrauen, an seine Liebe glauben, vor allem in den Augenblicken der Bedrängnis und des Kreuzes, wenn unser Glaube gerufen ist zu reifen.

Säe in unseren Glauben die Freude des Auferstandenen.

Erinnere uns daran: Wer glaubt, ist nie allein.

Lehre uns, mit den Augen Jesu zu sehen, dass er Licht sei auf unserem Weg; und dass dieses Licht des Glaubens in uns immerfort wachse, bis jener Tag ohne Untergang kommt, Jesus Christus selbst, dein Sohn, unser Herr!

Gegeben zu Rom, bei St. Peter, am 29. Juni, dem Hochfest der heiligen Apostel Petrus und Paulus, im Jahr 2013, dem ersten meines Pontifikats.

Franciscus

KOMMENTARE

An die »im Kreis Befindlichen«
Eine Enzyklika mit diskreter Rücksichtnahme?

M<small>ETROPOLIT</small> A<small>UGOUSTINOS</small> <small>VON</small> D<small>EUTSCHLAND</small>
Vorsitzender der Orthodoxen Bischofskonferenz
in Deutschland

1. Es ist müßig, darüber zu spekulieren, welchen Anteil
an der vorliegenden Enzyklika der emeritierte Papst Benedikt hat und wie viel seinem Nachfolger Franziskus
zuzuschreiben ist, der seine Unterschrift unter den Text
gesetzt hat. Dass viele Abschnitte die unverkennbare
Denkweise und Handschrift des Vorgängers erkennen
lassen, ist nur allzu offensichtlich. Deshalb fällt es mir –
wie vermutlich vielen anderen Lesern auch – schwer, die
Enzyklika als Werk des neuen Papstes zu charakterisieren. Ich werde deshalb im Folgenden vorwiegend vom
»päpstlichen Verfasser« sprechen, um das Dilemma der
direkten Zuordnung zu einem der beiden Autoren zu
überwinden.

2. Der Begriff Enzyklika geht auf das griechische Adjektiv ἐγκύκλιος/*en-kyklios* zurück, das »im Kreis befindlich« bedeutet. Manche Philologen führen es auf den –
bis heute in Griechenland verbreiteten – Rund- oder
Reigentanz zurück: Derjenige, der sich nicht im Tanzkreis befand, galt als »Außenseiter«, während derjenige,

der in der Runde des Tanzkreises war, dazugehörte, er war sozusagen der Insider.

Ist dieser Text nun für jene, die dazugehören, ein Insider-Dokument also? Auch in dieser Enzyklika ist zu Beginn des Textes die Zielgruppe klar definiert: Er richtet sich »an die Bischöfe, an die Priester und Diakone, an die gottgeweihten Personen und an alle Christgläubigen«. Nicht mehr erwähnt sind »alle Menschen guten Willens«, die in der Enzyklika *Caritas in veritate* vom 29. Juni 2009 ausdrücklich genannt werden. Trotzdem fällt das Bemühen des päpstlichen Verfassers auf, auch jene, die sich »außerhalb des Kreises« der römisch-katholischen Kirche befinden, nicht nur anzusprechen, sondern sogar in gewisser Weise einzubeziehen, etwa wenn er schreibt, der Glaube betreffe »auch das Leben der Menschen, die zwar nicht glauben, aber gerne glauben möchten« (Nr. 35), denn es gelte: »Es gibt keine menschliche Erfahrung, keinen Weg des Menschen zu Gott, der von diesem Licht nicht aufgenommen, erleuchtet und geläutert werden könnte« (ebd.). Auf diese Art und Weise des Sprechens zu den »im Kreis Befindlichen«, die aber die anderen miteinbezieht, werde ich im Folgenden noch einmal zurückkommen.

3. Eine Enzyklika über den Glauben: Man hatte ja mit diesem Thema gerechnet, welches den paulinischen Dreiklang der christlichen Tugenden (vgl. 1 Kor 13,13)

vervollständigen sollte. Die erste Lektüre dieses wegweisenden Traktats macht deutlich, dass eine derartige phänomenologische Beschreibung des Glaubens, also eine geradezu enzyklopädische (da ist wieder das griechische ἐγκύκλιος/*en-kyklios!*) Betrachtung über das Phänomen »Glauben«, auch beim nicht römisch-katholischen Leser keinen Widerspruch hervorrufen kann. Denn jeder der Schritte des päpstlichen Verfassers ist wohlüberlegt und belegt. (Ich sehe, was die Belege betrifft, meinen Münsteraner Professor Ratzinger geradezu vor mir, wie er mit seinem sanften Lächeln die Zitate aus seiner Bibliothek exzerpiert und sorgfältig mit seinem Füllfederhalter in eine kleine Kladde einträgt!) Anders gesagt: Jeden einzelnen Satz der vorliegenden Enzyklika könnte man, könnte ich unterschreiben. Und gleichzeitig bleibt die Frage nach der gewählten Vorgehensweise des päpstlichen Verfassers unausweichlich und legitim. Wie schreibt man über den Glauben? Was assoziiert man mit dem Glauben?

4. Für den päpstlichen Verfasser scheint die wichtigste Frage in diesem Zusammenhang – und dies ist keine Überraschung – das Verhältnis von Vernunft und Glaube zu sein. Nicht von ungefähr ist das Kernstück der Enzyklika mit *Der Dialog zwischen Glaube und Vernunft* betitelt. Hier verweist der päpstliche Verfasser dann nicht nur auf die Enzyklika *Fides et ratio* Johannes Pauls II. von

1998, die also zu einem Zeitpunkt entstanden ist, als Joseph Ratzinger schon viele Jahre Präfekt der Glaubenskongregation war, und begrüßt, dass in dieser Enzyklika gezeigt wurde, »wie Glaube und Vernunft sich gegenseitig stärken« (Nr. 32). Als westlicher Theologe steht er damit in der Tradition etwa eines Wilhelm von Saint-Thierry, dessen – zugegebenermaßen eigenwilligen, aber wunderschönen – Kommentar zu einem Vers aus dem Hohelied er wiedergibt, »in dem der Geliebte zur Geliebten sagt: Augen der Taube sind deine Augen (vgl. Hld 1,15). Diese beiden Augen, erklärt Wilhelm, sind die glaubende Vernunft und die Liebe, die ein einziges Auge werden, um zur Schau Gottes zu gelangen, wenn der Verstand zum ›Verstand einer erleuchteten Liebe‹ wird« (Nr. 27).

Für mich selbst ist – und dies mag wiederum Ausdruck meiner eigenen östlich-patristischen Prägung sein – im Zusammenhang mit dem Glauben der Begriff des Zeugnisses viel naheliegender, wie er etwa mit der Begrifflichkeit der »Wolke der Zeugen« aus Hebr 12,1 ausgedrückt wird. Diese erwähnt der päpstliche Verfasser zwar nicht explizit, aber in Nr. 38 wird die bestehende Kette von Zeugnissen angesprochen, und Nr. 49 handelt im Zusammenhang mit dem Lehramt »von der Treue der Zeugen, die vom Herrn für diese Aufgabe ausgewählt wurden«.

Es gilt festzuhalten, dass im Griechischen der »Zeuge« (μάρτυς/martys) von μαρτυρία/martyria (Zeugnis) und von μαρτύριον/*martyrion* (Martyrium) abzuleiten ist. Er ist also entweder jemand, der ein Zeugnis ablegt und etwas bezeugt, etwa in einer Gerichtsverhandlung, aber auch im alltäglichen Leben, oder jemand, der das Martyrium erleidet. Im Deutschen kennt man dafür den Begriff des Blutzeugen, der leider durch die Nationalsozialisten pervertiert wurde.

Weitere fünf Mal wird das »Zeugnis« in der Enzyklika angesprochen: In Nr. 16 geht es um das neutestamentliche Zitat aus Joh 19,35, wo im Urtext »martyria« steht (»und sein Zeugnis ist wahr«), in Nr. 18 um die Annahme des Zeugnisses Jesu: »Wir ›glauben Jesus‹, wenn wir sein Wort und sein Zeugnis annehmen, weil er glaubhaft ist«, in Nr. 34 wird es in Verbindung mit Dialog verwendet. In Nr. 35 spricht der päpstliche Verfasser das 11. Kapitel des Hebräerbriefs an, das zunächst von Abraham und den Patriarchen (vgl. Hebr 11,5ff.) handelt, später dann in die bekannte Aufzählung der Martyrien der Heiligen mündet, was allerdings hier nicht explizit genannt wird (»Gesteinigt wurden sie, verbrannt, zersägt, mit dem Schwert umgebracht; sie zogen in Schafspelzen und Ziegenfellen umher, Not leidend, bedrängt, misshandelt …« vgl. Hebr 11,37ff.).

Doch lediglich einmal in Nr. 5 wird das Wort »Zeugnis« bewusst im Zusammenhang mit Martyrium verwendet, wenn von den Glaubenszeugen der Alten Kirche gesagt wird: »Für jene Christen war der Glaube als Begegnung mit dem in Christus offenbarten lebendigen Gott eine ›Mutter‹, denn er gebar sie, zeugte in ihnen das göttliche Leben, bewirkte eine neue Erfahrung, eine lichtvolle Sicht des Lebens, wofür man bereit war, öffentlich Zeugnis zu geben bis zum Äußersten.« Denn dieses »bis zum Äußersten« bezeichnet den Übergang von der *martyria* zum Martyrium.

5. Natürlich ist der Weg zum Gipfel Sache eines jeden Bergführers und letztendlich ist der eingeschlagene Weg auch nicht mehr wichtig, wenn der Gipfel erst erreicht ist. Der päpstliche Verfasser wählt, wie gesagt, jenen Weg der Darstellung des Glaubens, der in einer Gegenüberstellung zur Vernunft gipfelt. Dem geht das Erste Kapitel voraus, das sich mit dem Zusammenhang zwischen der Liebe und dem Glauben befasst und damit den Bogen auch zu den vorherigen päpstlichen Enzykliken schlägt. Damit wird der bereits erwähnte Dreiklang des 1. Korintherbriefs komplett: »Glaube, Hoffnung und Liebe bilden in wunderbarer Verflechtung die Dynamik des christlichen Lebens auf die volle Gemeinschaft mit Gott hin« (Nr. 7). Beim Brückenschlag zur Hoffnung, der übrigens auch durchlaufend im Vierten Kapitel stattfindet, nimmt der päpstliche Verfasser in einer Formulierung eine dem orthodoxen Leser sehr vertraute und sympathische Sichtweise ein, wenn er schreibt: »So wird sichtbar, dass der Glaube als Erinnerung an die Zukunft –

memoria futuri – eng mit der Hoffnung verbunden ist«
(Nr. 9). Erinnerung an die Zukunft: So könnte man die
diachronische Sichtweise des christlichen Ostens resü-
mieren, auf die ich übrigens Papst Benedikt XVI. bei seinem letzten Deutschlandbesuch im September 2011 in
Freiburg hingewiesen habe.

Nach den Ausführungen über Glauben und Liebe
sowie die bereits erwähnte inhaltliche Mitte des Textes,
die Glauben und Wahrheit sowie Glauben und Vernunft
thematisiert, folgt das Dritte Kapitel über den Glauben
und die Tradition, man könnte auch sagen: die heilige
Tradition. Im Griechischen, das eine generelle Klein-
schreibung der Substantive kennt, würde man hier den
Anfangsbuchstaben Pi von παράδοσις/*paradosis* groß
schreiben, um diese heilige Tradition von irgendwelchen
herkömmlichen Überlieferungen zu unterscheiden.

Das Vierte Kapitel schließlich behandelt sozusagen
die soziale Dimension des Glaubens, die – wiederum in
Anlehnung an das bereits erwähnte 11. Kapitel des
Hebräerbriefs – unter der schönen Überschrift *Gott bereitet für sie eine Stadt* erschlossen wird. Hier wird nun
erstmals auch der von mir erwartete Zusammenhang
zwischen den Heiligen der Kirche und dem Phänomen
des Glaubens als Zustand und als Prozess hergestellt, allerdings nur im Zusammenhang der Frage des Um-
gangs mit dem Leiden, wenn es heißt: »Das Licht des
Glaubens lässt uns nicht die Leiden der Welt vergessen.

Für wie viele Männer und Frauen des Glaubens waren die Leidenden Mittler des Lichts! So der Leprakranke für den heiligen Franz von Assisi oder für die selige Mutter Teresa von Kalkutta ihre Armen« (Nr. 57). Deutet sich an dieser Stelle ein Perspektivenwechsel an? Schimmert hier womöglich die Handschrift des zweiten päpstlichen Verfassers durch?

Ein Mariengebet schließt die Enzyklika ab. Ein entsprechendes Gebet findet sich auch in den vorangegangen Enzykliken *Deus caritas est* und *Spe salvi*. In der Enzyklika *Caritas in veritate* heißt es dagegen im letzten Abschnitt lediglich in indirekter Anrede: »Die Jungfrau Maria, die von Papst Paul VI. zur Mater Ecclesiae erklärt wurde und vom christlichen Volk als Speculum iustitiae und Regina pacis verehrt wird, beschütze und erhalte uns durch ihre himmlische Fürsprache die Kraft, die Hoffnung und die Freude ...«

6. Aufgrund meines bereits angesprochenen Zugangs zum Glauben durch das Zeugnis und/oder das Martyrium hatte ich eigentlich erwartet, dass der päpstliche Verfasser den in Abschnitt 40 der Enzyklika *Deus caritas est* angedeuteten Weg fortführen würde. Dort heißt es nämlich bezeichnenderweise nach der Erwähnung des heiligen Bischofs Martin von Tours: »Doch wie viele weitere Zeugnisse der Liebe könnte man aus der Geschichte der Kirche noch anführen! Einen besonderen Ausdruck fin-

det sie in dem beachtlichen Dienst praktizierter Nächstenliebe, den die gesamte monastische Bewegung von ihren Anfängen mit dem hl. Abt Antonius († 356) an verwirklicht«, und weiter: »Heiligengestalten wie Franz von Assisi, Ignatius von Loyola, Johannes von Gott, Kamillus von Lellis, Vinzenz von Paul, Louise de Marillac, Giuseppe B. Cottolengo, Johannes Bosco, Luigi Orione und Teresa von Kalkutta – um nur einige zu nennen – sind berühmte Vorbilder sozialer Liebestätigkeit für alle Menschen guten Willens.« Und dieses Lob der Heiligen mündet dann in Abschnitt 41/42 in das Lob der Gottesmutter und das bereits erwähnte Mariengebet.

Meine Erwartung, dass diese päpstliche Enzyklika sozusagen induktiv über die Heiligen der Kirche – und zwar die heiligen Männer und Frauen aller Epochen der Kirchengeschichte – das Phänomen und womöglich auch das Mysterium des Glaubens beleuchten könnte, hängt sicherlich auch damit zusammen, dass ich in vielen Gesprächen, die ich in letzter Zeit führen konnte, eine zunehmende Verunsicherung über die Heiligkeit von Personen, von Institutionen, aber auch von Werten feststellen konnte. Die Seligsprechung und bevorstehende Heiligsprechung von Papst Johannes Paul II. mag zu dieser Stimmungslage bei vielen römisch-katholischen und anderen Christen beigetragen haben. (Ich möchte damit keine Kritik an der relativ kurzfristigen Seligsprechung zum Ausdruck bringen. Auch in meiner eigenen Kirche gibt es etwa den Fall des hl. Gregor Palamas, der 1368 nur neun Jahre nach seinem Tod in den Heiligenkalender der Kirche aufgenommen wurde …)

Anders gefragt: Könnte oder sollte eine Enzyklika über den Glauben heutzutage nicht so konzipiert sein, dass sie das, was diesen zitierten und allen übrigen Heiligen gemeinsam ist, herausarbeitet und analysiert? Was ist der gemeinsame Nenner all dieser Männer und Frauen der Kirchengeschichte? So wichtig und grundlegend der christologische bzw. soteriologische Ansatz von Nr. 15–17 ist, wäre ein diversifizierter Zugang über das Zeugnis der Heiligen, wie mir scheint, eher hilfreich gewesen. Hier scheint mir auch eine pädagogische Chance für ein besseres Verständnis seitens des theologisch nicht vorgebildeten oder zweifelnden Lesers verpasst worden zu sein. Im Übrigen ist ja auch dem päpstlichen Verfasser die Begegnung mit den Zweifelnden nicht unbekannt, wie er in Nr. 2 ausführt.

7. Überhaupt nicht nachvollziehbar für mich ist allerdings die Tatsache, dass in der Enzyklika das Glaubensbekenntnis von Nizäa-Konstantinopel gar keine Erwähnung findet. Dieses zentrale Dokument des christlichen Glaubenszeugnisses ist nicht nur für die römisch-katholische Kirche, sondern auch für das ökumenische Miteinander unserer Kirchen von grundlegender Bedeutung. Spätestens in den Ausführungen in Nr. 18 über

»glauben, dass« und »glauben an« hätte es zumindest benannt werden müssen.

Noch im Jahr 2008 sprachen Benedikt XVI. und der Ökumenische Patriarch Bartholomaios I. beim Gottesdienst zum Fest der Apostelfürsten Peter und Paul in Rom gemeinsam dieses Nizänokonstantinopolitanische Glaubensbekenntnis auf Griechisch. Also: Wenn es eine (gemeinsame) Aussage über das Glauben aus Sicht unserer Kirchen gibt, so ist es dieses Credo der ersten beiden Ökumenischen Konzilien der alten ungeteilten Kirche. Diese Epoche der Kirchengeschichte ist nämlich gerade heute von besonderer Bedeutung, da wir die Legitimität der Unterschiede, die es damals trotz der Einheit der Kirche auch gab, auf unserem gemeinsamen Weg zur Wiederfindung dieser Einheit als ökumenische Chance und als Möglichkeit neu entdecken können. Deshalb habe ich auch in dieser Enzyklika die Zahl und die Provenienz der Kirchenväterzitate ausgewertet. Während *Deus caritas est* drei griechische und sechs lateinische Quellen zitiert, sind es in *Spe salvi* sogar 13 lateinische und wieder drei griechische Zitate. Von den über 100 Zitaten in der Enzyklika *Caritas in veritate* sind nur zwei patristischen Ursprungs; verwendet werden Worte von Kirchenvätern des Westens, nämlich Augustinus und Thomas von Aquin. Auch im vorliegenden Text wird Augustinus von Hippo zehn Mal zitiert und ist damit als Einziger in allen vier Enzykliken präsent. Dies bestätigt mir gewissermaßen die Aussage von John Romanides über Augustinus, dass er tatsächlich als »Vater der westlichen Theologie« zu gelten hat. Und es freut mich natürlich ganz besonders, weil er mein Namenspatron ist. Aber auch griechische Väter wie Clemens von Alexandria, Cyrill von Jerusalem und Justin finden Erwähnung. Dies ist, wie gesagt, ökumenisch wichtig.

8. Bei der Lektüre der Enzyklika »aus ökumenischer Sicht« kam mir dann ein zugegebenermaßen verwegener Gedanke. Könnte der bereits erwähnte, meines Erachtens auffällige Verzicht auf die ausführliche Erwähnung der Heiligen nicht ein Brückenschlag des Pontifex Maximus zum Protestantismus sein? Klingt hier nicht ein leises »Solus Christus« mit? Oder erinnert ein Satz wie »Das Heil durch den Glauben besteht in der Anerkennung des Vorrangs der Gabe Gottes ...« (Nr. 19) nicht irgendwie an Art. 20 der *Confessio Augustana?* Es mag erstaunlich klingen, aber ich meine hier, aber auch etwa in Nr. 6, eine diskrete Rücksichtnahme auf die Kirchen der Reformation zu erkennen, die nun mal nicht zu den »im Kreis Befindlichen« gehören. Und es ist mir, wenn ich diese Zeilen schreibe, bewusst, dass man natürlich ebenso Aussagen der Enzyklika zum päpstlichen Lehramt in Nr. 36 u. a. m. anführen kann, die aus reformatorischer Sicht anstößig klingen mögen.

9. »Das Licht des Glaubens: Mit diesem Ausdruck hat die Tradition der Kirche das große Geschenk bezeichnet, das Jesus gebracht hat ...« (Nr. 1). So beginnt die Enzyklika und macht damit eine – zumindest aus orthodoxer Sicht – sehr vollmundige Aussage. Denn als Terminus technicus ist diese Kombination der Lichtsymbolik mit der Erfahrung des Glaubens in der griechischen Patristik und im christlichen Osten nicht üblich. Natürlich lassen sich hier und dort Belege für die Verknüpfung beider Begriffe finden, es scheint mir aber – philologisch gesprochen – gewagt, dafür die »Tradition der Kirche« zu bemühen, als ob es sich um einen feststehenden Begriff handelte. Und doch hat der päpstliche Verfasser von der Intention her Recht, wenn er »Licht« und »Glauben« verbindet. Ein Hymnus meiner Kirche aus der Matutin der Slawenapostel Kyrillos und Methodios, die unseren beiden Kirchen so wichtig sind, mag dies abschließend belegen: »Als Nachahmer der Apostel und Wegweiser der Verirrten, als Mitarbeiter des Herrn zum Heil der Vielen habt ihr euch nach dem Wort des großen Paulus erwiesen; deshalb habt ihr durch eure göttlichen Weisungen in vielen Leiden die in der Nacht des Irrtums Schlafenden zum *Licht des Glaubens* an Gott geleitet, Kyrillos und Methodios, heilige Väter, gottselige Brüder!«

In Dankbarkeit für diese tiefgründige Enzyklika darf ich sagen, sie ist ein Licht des Glaubens für unsere Zeit, und hoffe, dass ich diese Einschätzung durch obige Ausführungen deutlich machen konnte. Papst Benedikt schrieb im Vorwort zu seinem Jesus-Buch: »Ich bitte die Leserinnen und Leser nur um jenen Vorschuss an Sympathie, ohne den es kein Verstehen gibt.«[1] Er sei hiermit versichert: Die Sympathie existiert nach wie vor. Und sie gilt selbstverständlich auch für den Unterzeichner der Enzyklika!

---

1   *Joseph Ratzinger / Benedikt XVI.,* Jesus von Nazareth, Bd. 1, Freiburg – Basel – Wien 2007, S. 22.

Das Evangelium in der Welt zum Leuchten bringen
»Lumen fidei« als Ansporn für eine gelebte »Ökumene der Gaben«

NIKOLAUS SCHNEIDER
Vorsitzender des Rates der Evangelischen Kirche
in Deutschland (EKD)

1. Biblisch fundiertes Plädoyer
für die Leuchtkraft des Glaubens

Selten nur hat ein Text aus Rom, der ja zuerst der innerkatholischen Verständigung dienen soll, so viel ökumenische Übereinstimmungen entfaltet wie die hier zu bedenkende Enzyklika *Lumen fidei*. Ruft man sich die Konzeption einer »Ökumene der Gaben« in Erinnerung, dann kann man für diese Enzyklika – wie auch schon für viele Aspekte der beiden Geschwistertexte *Deus Caritas est* und *Spe salvi* von Papst Benedikt XVI. – formulieren: Sie beschreiben das römisch-katholische Verständnis der christlichen Trias Glaube, Liebe, Hoffnung in einer Klarheit und Schönheit, dass auch evangelische Leserinnen und Leser über weite Strecken zustimmen können. Differenzen entstehen lediglich da, wo sie seit den ersten Tagen der Reformation immer auftreten: bei der Rolle der Kirche im Verständnis des Glaubens.

Aber der Reihe nach:

Das Licht des Glaubens, *lumen fidei,* wird gespeist aus dem Licht der Welt, das Jesus selbst ist (Joh 8,12). Ihm gilt es nachzufolgen, um das wahre, ewige Leben zu gewinnen. Wer an ihn glaubt, der bleibt nicht in der Finsternis (Joh 12,46). Als göttliches Licht habe der Glaube die Kraft, das gesamte Sein des Menschen zu erleuchten (Nr. 1).

Mit diesem biblischen Eingang beeindruckt die Enzyklika *Lumen fidei,* die von zwei Päpsten geschrieben, am 29. Juni 2013, dem Hochfest der heiligen Apostel Petrus und Paulus gegeben und am 5. Juli 2013 der Öffentlichkeit vorgestellt wurde. Sie basiert auf der geplanten Enzyklika Benedikts XVI., die »schon nahezu fertiggestellt« war und die Franziskus übernommen und ergänzt hat (Nr. 7).

Eine Enzyklika, die von zwei Päpsten entworfen und verantwortet wird: Das ist ein Novum in der Kirchengeschichte. Dieses Faktum erregt genauso Aufmerksamkeit wie der Umstand, dass sich mit dieser Enzyklika Papst Franziskus zum ersten Mal als Papst dezidiert lehramtlich-theologisch äußert. So werden erste Linien der Theologie seines Pontifikats ebenso deutlich wie seine theologische Kontinuität zu Benedikt XVI.

Anlass der Enzyklika über den Glauben ist das »Jahr des Glaubens«, welches Benedikt XVI. ausgerufen hat (Nr. 5) und dessen Ziel es ist, im Sinne des II. Vatikanischen Konzils den »Vorrang Gottes in Christus wieder zum Zentrum unseres kirchlichen und persönlichen Lebens« zu machen (Nr. 6). Dies erscheint den Päpsten dringend notwendig, da sich in der Moderne das Licht des Glaubens verdunkelt habe. Das Licht des Glaubens sei in der Neuzeit häufig als eine Lichtillusion gesehen worden, »die unseren Weg als freie Menschen in die Zukunft behindert« (Nr. 2). Der moderne Mensch begegne diesem Licht deshalb mit Skepsis und ziehe das Licht der Vernunft diesem vor (Nr. 3). Das Licht der Vernunft aber kann die Angst des Menschen um sein Dasein nicht beruhigen, sodass die Diagnose der Gegenwart eher skeptisch ausfällt. Die Sorge um die Orientierungslosigkeit des modernen Menschen, die Herrschaft des Relativismus und die wachsende Selbstbezogenheit des Einzelnen – all die das Pontifikat Benedikts XVI. prägenden Themen tauchen hier wieder auf. Der Text gibt als Heilmittel und Zielperspektive die Wiedergewinnung des Glaubenslichtes für die Gegenwart aus (Nr. 4). So will der Text nichts weniger als einen Gesamtentwurf der menschlichen Existenz aus der Perspektive der römisch-katholischen Theologie bieten. Dass auf diese Weise die Enzykliken Benedikts XVI. zu Liebe (*Deus Caritas est,* 2005) und Hoffnung

(*Spe salvi,* 2007) komplettiert werden und die christliche Trias »Glaube, Liebe, Hoffnung« (1. Kor 13,13) zum Grundgerüst christlicher Existenz erklärt wird, öffnet den Weg zu ökumenischer Zustimmung: »Glaube, Hoffnung und Liebe bilden in wunderbarer Verflechtung die Dynamik des christlichen Lebens auf die volle Gemeinschaft mit Gott hin« (Nr. 7).

Der Glaube wird im Dokument als übernatürliche Gabe von Gott (Nr. 4) verstanden, als »ein Geschenk Gottes […], eine übernatürliche Tugend« (Nr. 7), aber auch als Weg (Nr. 35), den der Mensch mit Gott geht. Glaube ist ein Geschenk, aber nicht so, dass man ihn wirklich besitzen kann. Glaube ist – wie auch jedes evangelische Verständnis von Glauben sagen würde – ein Beziehungsgeschehen, das immer wieder neu von Gott her konstituiert wird. Diesem Gedanken widerspricht die Enzyklika nicht, legt sie doch selbst Wert darauf, dass Glaube heißt, sich der Führung Gottes anzuvertrauen (Nr. 10) und also eine Beziehung mit ihm einzugehen.

Zugleich leuchten hier aber erste Formulierungen auf, die in der reformatorischen Tradition eine andere Betonung gefunden haben. Denn eine Bestimmung des Glaubens als übernatürlich konstituierte Tugend, die dann dem Menschen als Fähigkeit und Kompetenz zu eigen wird, gilt in evangelischer Perspektive als problematisch, da hier der Geschenkcharakter des Glaubens doch zu einem Habitus, einem Vermögen des Menschen wird; eine Überzeugung, die den Menschen herausnimmt aus der beständigen Angewiesenheit auf Gottes Barmherzigkeit.

Die Enzyklika entfaltet ihre Überzeugung allerdings in einer geradezu evangelischen Weise unmittelbar am biblischen Textbestand. Es ist dem Text das Bemühen abzuspüren, sich auf der Grundlage der Heiligen Schrift verständlich zu machen. Der Text will nicht lediglich römisch-katholische Tradition wiederholen, sondern einen theologischen Entwurf vorstellen, der in ökumenischer Breite rezipiert werden kann. Er deklariert nicht nur, sondern nimmt den Leser in seine Argumentation hinein. Den Weg des Glaubens verfolgt der Text von Abraham über Israel bis zur Inkarnation des Gottessohnes. Der Glaube wird somit auch erzählt, nicht lediglich in dogmatischen Formeln vermittelt.

2. Das Paradoxon des Kreuzes als Ziel- und Brennpunkt der göttlichen Verheißung

Das erste Kapitel des Textes bezeichnet in Übereinstimmung mit der paulinischen Theologie Abraham als »Vater im Glauben«, der z. B. in Röm 4 als Typos des Glaubens und dadurch der wahren Gerechtigkeit vorgestellt wird (Nrn. 8–11). Die Erzählung des Glaubens beinhaltet Verirrung (Israel in der Wüste; Nr. 13) und Bewahrung: »Das ist das Paradox: In der immer neuen Hinwendung zum Herrn findet der Mensch einen sicheren Weg, der ihn vom Hang zur Zerstreuung befreit, dem ihn die Götzen unterwerfen« (Nr. 13). Den Irrwegen des menschlichen Lebens begegnet Gott mit immer neuer Vergebung und Erhaltung. Zur »Fülle des christlichen Glaubens« (Nrn. 15–22) kommt der Text, wenn die Geschichte Jesu als der »vollkommene Erweis der Verlässlichkeit Gottes« (Nr. 15) behandelt wird. Mit großem Selbstbewusstsein hält die Enzyklika fest: »Alle Linien des Alten Testaments laufen in Christus zusammen« (ebd.).

Diese Aussagen sind nur im Rahmen einer christologischen Hermeneutik des Alten Testaments möglich, die die Pluralität des alttestamentlichen Zeugnisses und die Vielfalt der Messiaserwartungen des antiken Judentums in das Schema von Erfüllung und Verheißung einpasst. Das damit verbundene Problem der Harmonisierung des biblischen Zeugnisses ist den beiden Päpsten bewusst, da sie an diesem Punkt eine Vielzahl von neutestamentlichen Stellen als Belege auflisten und unterstreichen, dass sie sich auf dem Boden der urchristlichen Überzeugung bewegen (ebd.). Hier sei vorerst angemerkt, dass diese auch reformatorische Exegese – »was Christum treibet« – auf dem Hintergrund des christlich-jüdischen Dialogs kritisch bedacht werden muss.

Der Text findet seine neutestamtliche Zuspitzung im Kreuz Christi, also an dem Ort, an dem der moderne Mensch (hier als F. M. Dostojewskis Protagonist aus *Der Idiot* vorgestellt) seinen Glauben an einen liebenden Gott zunehmend verliert.

Das Kreuz stellt den letzten Beweis der Liebe Gottes dar. Wiederum mit Blick auf das – bereits in den Jesus-Büchern von Benedikt XVI. bevorzugte und auch in der Enzyklika stetig aufgerufene (vgl. bes. 18; 30) – Johannesevangelium stellt das Dokument fest: »Der äußerste Beweis für die Verlässlichkeit der Liebe Christi findet sich in seinem Tod für den Menschen. […] An diese Liebe, die sich dem Tod nicht entzogen hat, um zu zeigen, wie sehr sie mich liebt, kann man glauben; ihre Totalität ist über jeden Verdacht erhaben und erlaubt uns, uns Christus voll anzuvertrauen« (Nr. 16).

In Übereinstimmung mit evangelischem Verständnis sieht der Text Tod und Auferstehung Jesu (hier mit Verweis auf 1. Kor 15) als den zentralen Punkt des christlichen Glaubens an. Durch den Blick auf Christus verändert sich das Denken, und eine »neue Logik des Glaubens« (Nr. 20) lässt den Menschen sich selbst und die Welt im Lichte Gottes verstehen. »Der Glaube blickt nicht nur auf Jesus, sondern er blickt vom Gesichtspunkt Jesu aus, sieht mit seinen Augen: Er ist eine Teilhabe an seiner Sichtweise« (Nr. 18). Deshalb dehnt sich im »Glauben […] das Ich des Glaubenden aus, um von einem Anderen bewohnt zu sein, um in einem Anderen zu leben, und so weitet sich sein Leben in die Liebe« (Nr. 21).

Dies sei das besondere Werk des Heiligen Geistes: »Der Christ kann mit den Augen Jesu sehen, seine Gesinnung haben, seine Kind-Vater-Beziehung teilen, weil er seiner Liebe teilhaftig wird, die der Heilige Geist ist« (ebd.). Der Glaube lehrt also nicht nur, *an* Jesus als die inkarnierte Liebe Gottes zu glauben, sondern auch *wie* Jesus zu glauben; eine Unterscheidung, die im evangelischen Raum im 19. Jahrhundert intensiv bedacht wurde (»Nicht an Jesus glauben, sondern wie Jesus glauben« war die starke These Adolf von Harnacks). Die Welt wird in und mit diesem jesuanischen Glauben heller, weiter, liebevoller und verantwortlicher für den Nächsten – alles Gedanken und Überzeugungen, die auch ein evangelischer Christ aus tiefstem Herzen mittragen kann. Dieses Kapitel ist die biblisch fundierte Grundlage der weiteren Argumentation, und aus evangelischer Sicht ist hier eine große ökumenische Gemeinsamkeit zu konstatieren.

Etwas anders wird es allerdings bei den sich anschließenden Gedanken über die Bedeutung der Wahrheit und die Rolle der Kirche für diesen Glauben:

Weil der Glaube zur Gemeinschaft zusammenschließt, muss er letztlich auch kirchlicher Glaube sein: »Und wie Christus in sich alle Gläubigen umfasst, die seinen Leib bilden, begreift der Christ sich selbst in diesem Leib, in ursprünglicher Beziehung zu Christus und zu seinen Brüdern und Schwestern im Glauben« (Nr. 22).

3. Gewissheit im Glauben und Erkenntnis der Wahrheit – vom Verhältnis zwischen Glauben und Vernunft

Das zweite Kapitel behandelt nun die Frage von Glauben und Wahrheit im Kontext der Gemeinschaft der Kirche und stellt fest: »Der Mensch braucht Erkenntnis, er braucht Wahrheit, denn ohne sie hat er keinen Halt, kommt er nicht voran. Glaube ohne Wahrheit rettet nicht, gibt unseren Schritten keine Sicherheit« (Nr. 24). Deshalb sei an die Verbindung von Glauben und Wahrheit zu erinnern, denn – und auch hier scheint der Relativismusvorwurf Joseph Ratzingers durch – »die große Wahrheit, die Wahrheit, die das Ganze des persönlichen und gesellschaftlichen Lebens erklärt, wird mit Argwohn betrachtet« (Nr. 25). Die Enzyklika selbst sei vor allem »wegen der Wahrheitskrise, in der wir leben« (ebd.), notwendig geworden; sie will also nicht nur klären, sondern auch heilen.

Die Sicherheit, die der Mensch im Leben braucht, sei nur im Glauben zu gewinnen, der im Herzen erkannt werde. Gemeint ist hier zweifellos nicht eine Sicherheit im Sinne einer »securitas«, einer innerweltlichen Absicherung, sondern eine Sicherheit im Sinne einer »certitudo«, einer existentiellen Gewissheit.

Die Erkenntnis des Glaubens bewirkt eine innerliche und umgreifende Verwandlung, die solche Gewissheit schenkt. Wie im ersten Kapitel gezeigt, entsteht diese Gewissheit im Glauben »wie Jesus«: »Das Glaubensverständnis beginnt, wenn wir die große Liebe Gottes empfangen, die uns innerlich verwandelt und uns neue Augen schenkt, die Wirklichkeit zu sehen« (Nr. 26). Wahrheit ist also nicht von der Liebe zu trennen (Nr. 27) und Liebe ist die Quelle der Erkenntnis (Nr. 28).

Aus der Begegnung mit Gott fließt die Erkenntnis, die dem Menschen weiterhilft: »Die Glaubenserkenntnis ist dadurch, dass sie aus der Liebe Gottes hervorgeht, der den Bund schließt, eine Erkenntnis, die einen Weg in der Geschichte erhellt« (ebd.). Der Glaube zeitigt also nicht nur eine spezifische Weltsicht, sondern auch eine Hilfe für das Verstehen der Geschichte. Er ist demnach das eigentliche Prinzip jeder sicheren Erkenntnis. Deshalb kann der Glaube auch keinen Gegensatz zur Vernunft bilden, womit die Schlüsselthese des ganzen Denkens und Schreibens von Papst Benedikt XVI. erreicht ist.

Wie bereits die scholastische Theologie, so betont auch diese Enzyklika, dass die Vernunft als Element innerhalb des Glaubens angesehen werden muss. Nur in dieser Einfassung kann die Vernunft vor sich selbst und ihren Abwegen geschützt bleiben; der Glaube hat hier eine gleichsam »aufklärerische Funktion« für die Vernunft. Unabhängig von der Frage, ob sich diese »Rollenaufteilung« in der Geschichte des Glaubens nachweisen lässt, teilt die evangelische Tradition diese skeptische Perspektive auf eine gleichsam sich selbst überlassene Vernunft. Die Reformatoren – und besonders Martin Luther – führten in drastischen Worten aus: Die Vernunft sei »eine Hure«, die sich missbrauchen lasse für falsche Gewissheiten und abgründige Ziele.

Ob allerdings die harmonische Einbettung der Vernunft in das Licht des kirchlichen Glaubens ausreicht, um die Gefährdungen der Vernunft und die kritische Funktion des Glaubens, aber auch die kritische Funktion der Vernunft für die Gefährdungen des Glaubens und der Kirche ausreichend zu bestimmen, mag hier dahingestellt bleiben.

Aber unbestreitbar ist, dass nur bei einem solchen Verständnis einer Vernunft, die vom Glauben umfangen wird, aus der Natur selbst die Zeichen Gottes zu erkennen sind: »Der religiöse Mensch versucht, die Zeichen Gottes in den täglichen Erfahrungen seines Lebens zu erkennen, im Kreislauf der Jahreszeiten, in der Fruchtbarkeit der Erde und in der ganzen Bewegung des Kosmos. Gott ist lichtvoll und kann auch von denen gefunden werden, die ihn mit aufrichtigem Herzen suchen« (Nr. 35).

Die Enzyklika bemüht die Sterndeuter aus Mt 2 (ebd.), um diesen Gedanken zu illustrieren, und bewegt sich hier deutlich auf eine natürliche Theologie zu, die dem evangelischen Denken nach den Erfahrungen des 20. Jahrhunderts eher fremd geworden ist. Durch das innere Licht des Glaubens wird das äußere Sehen nicht abgewertet, sondern richtig eingeordnet und so die Möglichkeit eröffnet, zur Schau des Ganzen zu kommen (Nr. 33). Da Wahrheit in der Gegenwart aber oft auf das Erleben einer »subjektive[n] Authentizität des Einzelnen reduziert [wird], die nur für das individuelle Leben gilt« (Nr. 34), wirbt der Text für eine Wahrheit, bei der es sich »um die Wahrheit der Liebe handelt«, eine Wahrheit, »die sich in der persönlichen Begegnung mit *dem* Anderen und den anderen erschließt« (ebd.). Diese Wahrheit befreit »aus der Verschlossenheit in den Einzelnen [...] und kann Teil des Gemeinwohls sein« (ebd.).

»Da der Glaube ein Licht ist, lädt er uns ein, in ihn einzudringen, den Horizont, den er erleuchtet, immer mehr zu erforschen, um das, was wir lieben, besser kennen zu lernen. Aus diesem Wunsch geht die christliche Theologie hervor« (Nr. 36).

Die naheliegende Frage, wie in der subjektivistisch aufgeladenen Gegenwart eine darüber hinausgehende Gewissheit der Wahrheitserkenntnis gewonnen werden kann, beantwortet die Enzyklika ganz »klassisch« in römisch-katholischer Tradition: »Die Theologie teilt ferner die kirchliche Gestalt des Glaubens; ihr Licht ist das Licht des glaubenden Subjekts, der Kirche. Das schließt einerseits ein, dass die Theologie im Dienst des Glaubens der Christen steht, sich demütig der Bewahrung und der Vertiefung des Glaubens aller, vor allem der Einfachsten, widmet. Außerdem betrachtet die Theologie, da sie vom Glauben lebt, das Lehramt des Papstes und der mit ihm verbundenen Bischöfe nicht als etwas, das von außen kommt, als eine Grenze ihrer Freiheit, sondern im Gegenteil als eines ihrer inneren, konstitutiven Elemente, weil *das Lehramt den Kontakt mit der ursprünglichen Quelle gewährleistet und folglich die Sicherheit bietet, aus dem Wort Christi in seiner Unversehrtheit zu schöpfen«* (ebd.; Hervorhebung N. Sch.). Hier ist im Kern der Anspruch päpstlicher Autorität formuliert: Nur im Rahmen der so konstituierten römisch-katholischen Kirche ist garantiert, die Wahrheit des Glaubens mit Sicherheit zu finden.

Die evangelische Theologie dagegen findet jene Glaubens- und Wahrheitsgewissheit nur in ihrer stetigen und immer neu diskursiv zu bestimmenden Orientierung an der Heiligen Schrift. Ein personales, im Bischof von Rom konzentriertes Verständnis der Kirche als glaubendes Subjekt und eine andere Instanz als die Schrift als ausgewiesenes Prinzip der Ursprungstreue – und also der Glaubensgewissheit – kennt die evangelische Kirche nicht.

Hier ist also ein ökumenischer Gegensatz zu konstatieren. Es muss aber beachtet werden, dass es sich dabei um den seit der Reformation immer wieder aufbrechenden Unterschied zwischen evangelischem und römisch-katholischem Glaubensverständnis handelt. Kann man aber diesen Grundunterschied als Reichtum der Christenheit innerhalb einer »Ökumene der Gaben« auffassen, dann kann man das nun folgende dritte Kapitel nicht nur mit Gewinn lesen, sondern es auch als spezifische Gabe der römisch-katholischen Weltkirche an die ganze Christenheit würdigen: Es inspiriert unser Weiterdenken über den Glauben als Basis für ein gelingendes Zusammenleben in Gemeinschaft.

4. Gelebte Gemeinschaft – die Bedeutung der Sakramente für die Weitergabe des Glaubens

Das dritte Kapitel thematisiert die Weitergabe des Glaubens und konstatiert, dass die Kirche die Mutter des Glaubens sei: »Der Glaube öffnet sich von Natur aus auf das ›Wir‹ hin und vollzieht sich immer innerhalb der Gemeinschaft der Kirche« (Nr. 39). Die Kirche sei Gedächtnisgemeinschaft und gebe diesen Inhalt ihres Gedächtnisses weiter (Nr. 40). Dies geschehe durch die Sakramente. Sie seien »inkarniertes Gedächtnis« (ebd.). Deshalb führe auch die Wiederbelebung des Glaubens über die Wiederbelebung des sakramentalen

Lebens (ebd.). Mit großem Ernst betont die Enzyklika, dass die Sakramente nicht nur äußere, womöglich verzichtbare Zeichen seien, sondern den Menschen in seinem Dasein verändern.

In der Taufe wird der Mensch zum Kind Gottes (Nr. 41); in der Eucharistie, die als eine »Gedächtnishandlung, Vergegenwärtigung des Geheimnisses« und gleichzeitig als Perspektive aus der »sichtbaren Welt zum Unsichtbaren« (Nr. 44) bestimmt wird, »kreuzen sich die beiden Achsen, auf denen der Glaube seinen Weg geht« (ebd.). Durch die »Feier der Sakramente gibt die Kirche ihr Gedächtnis insbesondere durch das Glaubensbekenntnis weiter [...]. Dabei geht es nicht so sehr darum, seine Zustimmung zu einer Sammlung von abstrakten Wahrheiten zu geben. Im Gegenteil, durch das Bekenntnis des Glaubens tritt das ganze Leben ein in einen Weg hin auf die volle Gemeinschaft mit dem lebendigen Gott« (Nr. 45).

Weitere Elemente des Gedächtnisses der Kirche und der Weitergabe des Glaubens seien das Gebet – »an erster Stelle das Gebet des Herrn« – und der Dekalog (Nr. 46). Der Dekalog sei »eine Sammlung [...] von konkreten Weisungen, um aus der Wüste des selbstbezogenen, in sich verschlossenen Ich herauszukommen und in Dialog mit Gott treten zu können, während man sich von seiner Barmherzigkeit umfangen lässt« (ebd.). Der Weg des Christen und der Christin durch die Zeit in dieser Spur werde »von dem neu beleuchtet, was Jesus in der Bergpredigt lehrt (vgl. Mt 5–7).« Abschließend wird betont, dass durch die katechetische Weitergabe des »Schatz[es] des Gedächtnisses« der Kirche (Bekenntnis des Glaubens, Feier der Sakramente, Weg des Dekalogs, Gebet) der ganze Inhalt des Glaubens übermittelt werde (ebd.).

Das Kapitel endet mit einer Betrachtung der Einheit und Unversehrtheit des Glaubens. Der Glaube ist einer, erstens »wegen der Einheit des erkannten und bekannten Gottes« (Nr. 47); zweitens, »weil er sich an den einen Herrn richtet, an das Leben Jesu, an seine konkrete Geschichte, die er mit uns teilt« (ebd.); und drittens, weil »er von der ganzen Kirche geteilt wird, die *ein* Leib und *ein* Geist ist. In der Gemeinschaft des einen Subjekts – der Kirche – erhalten wir einen gemeinsamen Blick« (ebd.).

Diese dritte Bestimmung veranlasst den evangelischen Leser zu dem Hinweis, dass diese Begründung angesichts der faktisch nicht vorhandenden Einheit der Kirchen nicht wirklich tragfähig ist. Zwar wird die römisch-katholische Überzeugung, garantiert die eine Kirche Jesu Christi zu sein, deutlich unterstrichen, ohne die anderen christlichen Kirchen zu bewerten. Aber das Verhältnis des einen Glaubens zu der Vielzahl christlicher Kirchen – eine für die römisch-katholische Kirche seit jeher schwierige geschichtliche Tatsache –

wird nicht bedacht. Leider verzichtet der Text gerade in diesem Zusammenhang darauf, zu reflektieren, was die gegenseitige Anerkennung des Sakramentes der Taufe für das Verständnis von Kirche und die Qualifizierung ökumenischer Gemeinschaft bedeutet.

Zugleich aber sind die Ausführungen über die Kirche als »Gedächtnisgemeinschaft«, über die Verantwortung zur Weitergabe des Glaubens und über die Bedeutung der Gemeinschaft für den Glauben so weitherzig und überkonfessionell formuliert, dass auch ein evangelischer Christ diese Zeilen mit Gewinn liest.

5. Glaube und Weltzuwendung –
vom Auftrag der Christinnen und Christen
in unserer Gesellschaft

Das vierte Kapitel thematisiert das Verhältnis von Glauben und Welt. Schon im Vorkonklave hatte Papst Franziskus eine Kirche kritisiert, die um sich selbst kreist. Dies setzt die Enzyklika fort, wenn sie betont: »Der Glaube entfernt nicht von der Welt und steht dem konkreten Einsatz unserer Zeitgenossen nicht unbeteiligt gegenüber« (Nr. 51). Der persönliche Glaube führt in die Kirche und bleibt dort nicht stehen, sondern muss sich wieder aus der Kirche heraus der Welt zuwenden. Ganz deutlich werden die Auswirkungen des Glaubens dargestellt. Der Glaube ist nur dann zu sich selbst gekommen, wenn er »zu einem Dienst am Gemeinwohl«, zu einem »Gut für alle« (ebd.) geworden ist: »sein Licht erleuchtet nicht nur das Innere der Kirche, noch dient er allein der Errichtung einer ewigen Stadt im Jenseits; er hilft uns, unsere Gesellschaften so aufzubauen, dass sie einer Zukunft voll Hoffnung entgegengehen« (ebd.). Der Glaube entferne nicht von der Welt, er bereichere vielmehr das menschliche Leben und diene dem Gemeinwohl.

Ganz der katholischen Tradition entsprechend wird die Familie als Basis der Gesellschaft bestimmt: »Der erste Bereich, in dem der Glaube die Stadt der Menschen erleuchtet, findet sich in der Familie. Vor allem denke ich an die dauerhafte Verbindung von Mann und Frau in der Ehe« (Nr. 52). Der Enzyklika geht es im Folgenden um die existentiellen und sozialen Folgen des Glaubens. Dies wird sichtbar, wenn der Text resümiert: »In der Mitte des biblischen Glaubens steht die Liebe Gottes, seine konkrete Sorge um jeden Menschen, sein Heilsplan, der die ganze Menschheit und die ganze Schöpfung umfasst« (Nr. 54). Und er folgert, dass der Glaube immer »in den konkreten Dienst der Gerechtigkeit, des Rechts und des Friedens« gestellt werden muss (Nr. 51). Deshalb müssten Christinnen und Christen für Menschenwürde eintreten, sich um die Schöpfung kümmern und sich für Konfliktlösung und Frieden sowie für gerechte Regierungen einsetzen.

6. Ökumenische Weite und Ansporn zum weiteren Dialog

Insgesamt fällt an der Enzyklika auf, dass sie den Glauben und seine Konsequenzen sowohl in fundamental-theologischer Hinsicht als auch in seinen sozial-ethischen Auswirkungen bedenkt und so zu einem beeindruckenden Entwurf römisch-katholischer Theologie wird. Und aus evangelischer Perspektive nimmt man dankbar wahr, dass für diesen Text gelten kann, was auch schon für die beiden vorausgehenden Texte zur Liebe und zur Hoffnung galt: Obgleich sie explizit keine ökumenische Perspektiven aufmachen, sind sie implizit von ökumenischer Weite geprägt. Denn viele Passagen der Enzyklika formulieren Grundsätze eines christlichen Glaubensverständnisses, das sich auch alle anderen Kirchen und Konfessionen zu eigen machen können.

Das ökumenische Gespräch wollen wir vor allem an drei Stellen suchen und führen:

1) Einmal fällt den evangelischen Leserinnen und Lesern der starke biblische Bezug auf. Allerdings ist ein Phänomen zu beobachten, das man auch in den Jesus-Büchern von Papst Benedikt XVI. finden kann: Die Ausbildung des christlichen Glaubens in den ersten Jahrhunderten scheint für die Enzyklika der wesentliche und normative Bezugspunkt ihrer Theologie zu sein. Das stellt aus evangelischer

Sicht insofern ein Problem dar, als dadurch nicht die biblischen Schriften selbst die eigentliche Grundlage der Argumentationen sind, sondern deren Deutung und Einbettung durch die spätere kirchliche, durch den Hellenismus maßgeblich geformte Theologie der Alten Kirche. »Die Begegnung der Botschaft des Evangeliums mit dem philosophischen Denken der Antike bildete einen entscheidenden Schritt, damit das Evangelium zu allen Völkern gelangte. Diese Begegnung begünstigte eine fruchtbare Wechselbeziehung zwischen Glauben und Vernunft, die sich im Laufe der Jahrhunderte weiter entfaltete bis herauf in unsere Tage« (Nr. 32). Die Heilige Schrift wird so in ihrer kritischen und auch die Kirche selbst immer wieder in Frage stellenden Bedeutung beeinträchtigt – ein für eine evangelische Perspektive schwieriger Umgang mit ihr.

Ferner muss in ökumenischer Verbundenheit die Frage gestellt werden, ob das Schema von Verheißung und Erfüllung nach den Verständigungen im christlich-jüdischen Dialog noch in dieser Weise verwendet werden kann. Unzweifelhaft gilt für Christinnen und Christen, dass Christus ihr Zugang zum Bund Gottes ist. Gleichwohl bleibt der Bund Gottes mit seinem Volk Israel bestehen, und seine Offenbarung im Weg seiner Treue mit seinem

Volk behält einen eigenen Rang. Hier darf es keine neuen Unklarheiten oder gar latente Ansatzpunkte für erneute »Substitutionstheorien« geben.

2) Zum anderen bleibt aus evangelischer Perspektive der Grundeinwand bestehen, den schon die Reformatoren formulierten und der in seiner Gültigkeit bis heute nichts eingebüßt hat: Während auch in dieser Enzyklika der Glaube zum Schatz der römisch-katholischen Kirche wird, der von ihr geschützt und bewahrt und an die Menschen weitergegeben wird, bleibt nach evangelischem Verständnis der Glaube immer ein Geschenk Gottes, das weder dem Menschen ein Besitz noch der Kirche zum Bestand wird. Die Unverfügbarkeit des Glaubens, seine Gabe allein durch Gott, »wann und wo er will« (*Confessio Augustana* V), ist dem evangelischen Glauben ungleich zentraler als der römisch-katholischen Tradition. Denn erst in dieser unmittelbaren Angewiesenheit auf Gottes Gegenwart im Geist ist eine Gewissheit zu erlangen, die unabhängig von allen existentiellen oder sozialen Infragestellungen, unabhängig auch von jedem Zustand der Kirche und ihrer Verkündigung sagen und bekennen kann: »Ich weiß, dass mein Erlöser lebt« (Hiob 19,25).

3) Zuletzt gewinnt man den Eindruck, dass die Enzyklika von einer skeptischen Perspektive auf die Ge-

genwart geprägt ist. Ihre Hoffnung auf die Wiederherstellung einer in der Alten Kirche angelegten und im Hochmittelalter von Thomas von Aquin reformulierten Versöhnung von Glauben und Vernunft wirkt doch insofern nicht überzeugend, als sie die existentiellen Gewissheitsprobleme des Menschen im 21. Jahrhundert nicht mehr wirklich erreicht. Der gegenwärtig zu beklagende Subjektivismus mag für viele Menschen tatsächlich auch ein Schicksal und ein Gefängnis sein. Aber diese Einsicht darf nicht vergessen machen, dass die Subjektivität des Einzelnen inspiriert durch biblische Texte nach Befreiung auch aus kirchlicher Bevormundung verlangte. Es muss weiter bedacht werden, wie die Gefahren und Einschränkungen des Subjektivismus und das relative Recht individueller Freiheit sich zueinander verhalten.

Diese Anfragen sollen nicht die vorher geäußerte Wertschätzung und Zustimmung zu vielen Passagen der Enzyklika relativieren. Sie machen vielmehr deutlich, dass das theologische Gespräch geduldig und beharrlich fortgeführt werden muss, um zu weitergehenden Übereinstimmungen im Verständnis unseres Glaubens zu gelangen. Die ökumenischen Lehrgespräche werden aber nur verheißungsvoll sein können, wenn sie von der Fürbitte der Gemeinden, vom gemeinsamen Gebet und dem gemeinschaftlichen Dienst in der Welt getragen werden.

Schon jetzt kann die in der Enzyklika beschriebene existentielle und soziale Verantwortung des Glaubenden für eine freie, gerechte und der Schöpfung gegenüber verantwortliche Welt von der evangelischen Tradition sehr gut nachvollzogen werden. Hier schreibt die Enzyklika dem Glauben eine Aufgabe und Verantwortung zu, die alle Christen unmittelbar annehmen und daher dankbar vernehmen können. Das ist Ansporn, nach Wegen zu suchen, dieser Verantwortung in ökumenischer Gemeinschaft gerecht zu werden.

Leuchtspur des Glaubens
Die Enzyklika zweier Päpste

Erzbischof Robert Zollitsch
Vorsitzender der Deutschen Bischofskonferenz

Ein Stück zu vier Händen

Im »Jahr des Glaubens« hat Papst Franziskus eine Enzyklika über den Glauben veröffentlicht. Im Vorwort erklärt er, dass diese Enzyklika zu größten Teilen bereits von seinem Vorgänger Benedikt XVI. fertiggestellt worden sei; er habe sich diese Vorlage zu eigen gemacht und zum Schluss einige eigene Akzente hinzugesetzt. Deshalb ist es eine »vierhändige Enzyklika«.

Eine solche Enzyklika ist ohne Beispiel. Sie zeigt nicht nur die Bescheidenheit und Großzügigkeit von Papst Franziskus, der sich bereit erklärt hat, den Worten seines Vorgängers Gehör zu verschaffen; sie ist auch ein Ausdruck theologischer Kontinuität: Bei allen Unterschieden in der Herkunft, in der Persönlichkeit und im Stil gibt es zwischen Franziskus und Benedikt eine tiefe Gemeinsamkeit im Verständnis des Glaubens und seiner prägenden Kraft für das christliche Leben. Es ist Franziskus zu danken, dass die Enzyklika über den Glauben nicht ins vatikanische Archiv, sondern an die Öffentlichkeit gelangt ist.

Dass Päpste Enzykliken schreiben, ist in der Neuzeit zu einer wichtigen Form des kirchlichen Lehramtes geworden. Die Enzykliken sind Rundschreiben, die sich nicht nur an die Bischöfe, die Priester, Diakone und Ordensleute, sondern an alle Gläubigen richten. Aber ihre Reichweite ist größer: Alle Menschen können sie lesen; wer wissen will, was die Lehre der katholischen Kirche ist, findet in den Enzykliken eine verlässliche Auskunft. Sie sind nicht unfehlbare Dogmen, aber verbindliche Zeugnisse der Glaubenslehre. Die Päpste sind in der Wahl ihrer Themen frei; alle haben in ihrer Verantwortung die Gelegenheit ergriffen, zu brennenden Fragen der Zeit und zu aktuellen Themen des Evangeliums Stellung zu nehmen.

Ein Bekenntnis des Glaubens

Benedikt XVI. hat eine erste Enzyklika über die Liebe[1] und eine zweite über die Hoffnung[2] geschrieben. Er hat eine weitere Enzyklika über soziale Gerechtigkeit

---

1 Benedikt XVI., *Gott ist die Liebe. Die Enzyklika »Deus caritas est«*. Vollständige Ausgabe. Ökumenisch kommentiert von Bischof Wolfgang Huber, Metropolit Augoustinos Labardakis, Karl Kardinal Lehmann, Freiburg – Basel – Wien 2006.

2 Benedikt XVI., *Auf Hoffnung hin gerettet. Die Enzyklika »Spe salvi«*.

herausgegeben.[3] Die Enzyklika über den Glauben vervollständigt den ursprünglichen Dreiklang. »Für jetzt bleiben Glaube, Hoffnung, Liebe, diese drei«, schreibt der Apostel Paulus (1 Kor 13,13; vgl. 1 Thess 1,3; 5,8). Er fügt hinzu: »Doch am größten unter ihnen ist die Liebe« (1 Kor 13,13). Diesem Programm folgend, hat Papst Benedikt XVI. bei der Liebe angesetzt und dann die Spur über die Hoffnung bis zum Glauben zurückverfolgt. Papst Franziskus ist diesen Weg mitgegangen – und wird ihn in seinem Sinn, im Sinn der Kirche fortsetzen.

Für das Christentum ist der Glaube schlechterdings zentral. Aber das Wort »Glaube« wird oft nur als Bezeichnung für eine religiöse Meinung gebraucht, der es an echtem Wissen fehle, oder für eine religiöse Tradition, über deren Wahrheit nichts Genaues gesagt werden könne. Das widerspricht der theologischen Bedeutung des Glaubens. Die Enzyklika macht das klar. Sie geht auf die Bibel zurück, um den ursprünglichen Sinn des Wortes zu entdecken und für heute zu erschließen. Im Alten und im Neuen Testament ist der

---

Vollständige Ausgabe. Ökumenisch kommentiert von Bischof Wolfgang Huber – Metropolit Augoustinos Labardakis – Karl Kardinal Lehmann, Freiburg – Basel – Wien 2008.

3 Benedikt XVI., *Die Liebe in der Wahrheit. Die Sozialenzyklika »Caritas in veritate«*. Vollständige Ausgabe. Ökumenisch kommentiert von Bischof Wolfgang Huber, Metropolit Augoustinos Labardakis, Erzbischof Robert Zollitsch, Freiburg – Basel – Wien 2009.

Begriff von intensiven Gotteserfahrungen gefüllt, die mitten im Leben gemacht werden. Der Glaube verbindet das Vertrauen auf Gottes Liebe mit dem Bekenntnis, dass es nur einen Gott gibt, den es zu lieben gilt »mit ganzem Herzen, mit ganzer Seele und mit ganzer Kraft« (Dtn 6,4f.). Der Glaube ist eine spezifische Weise der Erkenntnis, die »alles Verstehen übersteigt« (Phil 4,7); er ist aber auch eine engagierte Praxis, die sich in der Nächstenliebe erweist (Gal 5,6): Der Glaube nimmt Gott im Leben ernst; er heiligt seinen Namen und will deshalb seinen Willen erfüllen im Dienst an den Menschen, die Hunger und Durst nach Gerechtigkeit haben.

Eine Einladung zum Glauben

Papst Benedikt XVI. hat das »Jahr des Glaubens« im Oktober 2012 mit der internationalen Bischofssynode zum Thema der »Neuevangelisierung« eröffnet. Diese Synode lenkt den Blick auf die vielen Menschen, die zwar getauft sind, sich aber dem Glauben entfremdet haben oder nie mit ihm vertraut geworden sind. Für sie ist die Enzyklika eine große Chance, den Glauben kennenzulernen: nicht als eine Fülle von Verboten und Vorschriften, sondern als einen Weg, das Geheimnis Gottes zu entdecken und mit dem Sinn des eigenen Lebens zu verbinden.

Die Enzyklika ist aber auch für all diejenigen geschrieben worden, denen der Glaube in Fleisch und Blut übergegangen ist: Sie kann ihnen helfen, den Glauben nicht als selbstverständlich anzusehen, sondern in seiner ganzen Schönheit neu zu entdecken. Nicht zuletzt sind diejenigen angesprochen, die den Glauben zu verkünden haben; die Enzyklika fordert sie auf, wirklich den Glauben zu verbreiten und nicht nur ihre eigenen Überzeugungen; die Enzyklika ermutigt sie auch, ihren eigenen Glauben nicht zu verstecken, sondern zu bezeugen, zu vertiefen und zu festigen.

Letztlich sind alle Menschen guten Willens eingeladen, dieses Schreiben zu lesen: alle, die wissen wollen, wo das Herz des christlichen Glaubens schlägt und was der katholischen Kirche heilig ist.

»Lumen fidei« heißt die Enzyklika: »Licht des Glaubens«. Dieser Titel ist Programm. Der Glaube strahlt ein Licht aus, das den Menschen auf dem Weg ihres Lebens Orientierung gibt, weil es die Liebe zu Gott mit der Liebe zum Nächsten verbindet (Mk 12,26–34 parr.). Der Glaube folgt aber auch einem Licht, dem Licht Gottes selbst. »Gott ist Licht«, heißt es im Ersten Johannesbrief (1 Joh 1,5); es ist der derselbe Brief, in dem zweimal »Gott ist Liebe« steht (1 Joh 4,8.16). Der Glaube erkennt dieses Licht: das Licht des Schöpfers und Erlösers. Es ist das Licht, das auf dem Antlitz Jesu Christi erstrahlt (Joh 12,46). Wer von diesem Licht erfasst wird, strahlt es auch aus (2 Kor 4,6): Wer glaubt, kann andere Menschen faszinieren.

In dieser Faszination des Glaubens ist die Enzyklika geschrieben und veröffentlicht worden. Sie zeigt, dass von gläubigen Menschen keine Gefahr für andere ausgeht. Im Gegenteil: In einer Zeit, die einen aggressiven Atheismus, aber auch einen aggressiven Fundamentalismus kennt, beweist die Enzyklika, wie menschlich der Glaube ist und wie gläubig Menschen sind, die Gott erfahren haben.

Ein Impuls des Zweiten Vatikanischen Konzils

Das Jahr des Glaubens ist am 50. Jahrestag der Eröffnung des Zweiten Vatikanischen Konzils ausgerufen worden. Dieses Konzil hat der katholischen Kirche geholfen, im Geist des Evangeliums die »Zeichen der Zeit« (vgl. Lk 12,56) zu erkennen. Die Enzyklika macht sich diesen Ansatz ausdrücklich zu eigen: »Das Zweite Vatikanische Konzil hat den Glauben innerhalb der menschlichen Erfahrung erstrahlen lassen und ist so die Wege des heutigen Menschen gegangen. Auf diese Weise ist sichtbar geworden, wie der Glaube das menschliche Leben in allen seinen Dimensionen bereichert« (Nr. 6).

Die Enzyklika *Lumen fidei* schreibt die Theologie des Konzils fort. Die Konzentration auf den Glauben ist an der Zeit, auch in Deutschland. Durch sie gewinnen die Diskussionen über die notwendigen Reformen der katholischen Kirche an Substanz. Bei seiner Begegnung mit Vertreterinnen und Vertretern der Evangelischen Kirche in Deutschland hat Benedikt XVI. während seines Pastoralbesuches 2011 an historischer Stätte, im Augustinerkloster zu Erfurt, erklärt, dass die Frage nach Gott die große Frage der Gegenwart ist, die nur von allen Getauften gemeinsam durch ihr Zeugnis des Glaubens beantwortet werden kann.[4] In Deutschland gibt es einen starken, lebendigen Glauben, der sich an vielen Orten zeigt; es gibt aber auch viel Unkenntnis und Interesselosigkeit; und es gibt eine neue Sensibilität für Religion, die auf der Suche nach tiefer Spiritualität ist. Die Enzyklika der beiden Päpste Benedikt und Franziskus kommt in dieser Lage wie gerufen. Sie ruft zur Erneuerung der Kirche aus dem Geist des Evangeliums; sie inspiriert die Ökumene zum missionarischen Zeugnis; sie lässt die christliche Spiritualität entdecken und verbindet sie mit dem Dienst der Kirche am Heil der Welt.

---

4 *Apostolische Reise Seiner Heiligkeit Papst Benedikt XVI. nach Berlin, Erfurt und Freiburg – 22. bis 25. September 2011. Predigten, Ansprachen und Grußworte* (Verlautbarungen des Apostolischen Stuhles 189), Bonn 2011, 72: »Die Frage: Wie steht Gott zu mir, wie stehe ich vor Gott – diese brennende Frage Luthers muss wieder neu und gewiss in neuer Form auch unsere Frage werden, nicht akademisch, sondern real.«

Ein Gespräch über den Glauben

Die Enzyklika über den Glauben ist zutiefst von der Liebe Gottes überzeugt. Aber sie übersieht nicht, dass der Glaube in der Kritik steht. In der Hinführung wird der deutsche Philosoph Friedrich Nietzsche (1844–1900) zitiert, der seine Schwester Elisabeth in einem Brief auffordert, den Weg der Freiheit zu gehen und deshalb nicht zu glauben, sondern zu forschen.[5] Damit ist das große Thema der Enzyklika gestellt: die Glaubwürdigkeit des Glaubens in der Welt von heute. Nietzsche ist eine Schlüsselfigur der Moderne, die sich dem Christentum kritisch entgegenstellt, weil sie ihm vorwirft, mit der Autorität Gottes die Würde des Menschen anzugreifen.

Dieser Kritik stellt sich die Enzyklika. Jürgen Habermas hat zwar in einem denkwürdigen Dialog mit Joseph Ratzinger[6] an die intellektuellen und moralischen Ressourcen der Religionen erinnert, ohne die eine offene Gesellschaft schwerlich eine politische und ethische Orientierung finde. Aber diese Anerkennung kann die katholische Kirche nicht der Notwendigkeit entheben,

---

5   Friedrich Nietzsche, *Brief an Elisabeth Nietzsche vom 11. Juni 1865,* in: Werke in drei Bänden, München 1954, 953f.

6   Jürgen Habermas – Joseph Ratzinger, *Dialektik der Säkularisierung. Über Vernunft und Religion,* hg. v. Florian Schuller, Freiburg – Basel – Wien [8]2011 ([1]2004).

selbst den Glauben darzustellen und ins Gespräch zu bringen.

Die Enzyklika *Lumen fidei* nimmt diese Herausforderung an. Sie sucht keinen Beobachtungsstandpunkt von außen, um den Glauben zu verteidigen; sie sucht vielmehr einen Weg ins Innere des Glaubens. Sie setzt darauf, dass die Darlegung dessen, was Glaube ist und wie das Glauben geht, seine beste Erklärung und damit auch seine beste Verteidigung ist. Sie entfaltet den Sinn des Glaubens von der Bibel aus im Gespräch mit großen Theologen der Vergangenheit und der Gegenwart. Eine große Rolle spielen die Kirchenväter, allen voran der hl. Augustinus, der die personale und die kirchliche Dimension des Glaubens mit Inhalt gefüllt hat. Eine große Rolle spielen aber auch Theologen der Neuzeit, die im Gespräch mit der Kultur der Moderne und der Gegenwart den Glauben reflektiert haben, darunter der sel. John Henry Newman (1801–1890), der Religionsphilosoph Romano Guardini (1885–1968) und der Neutestamentler Heinrich Schlier (1900–1978). An einer Schlüsselstelle wird der Literaturnobelpreisträger T. S. Eliot (1888–1965)[7] mit seiner Frage zitiert, was von der menschlichen Zivilisation Bestand haben werde, wenn der Glaube aus den Städten und Landschaften

---

7   Thomas S. Eliot, *Choruses from The Rock,* in: The Collected Poems and Plays 1909–1950, New York 1980, 106.

verschwinde (Nr. 55). Der österreichisch-englische Philosoph Ludwig Wittgenstein und der französische Literat Jean Jacques Rousseau sind Gesprächspartner. Früher wären solche Verweise in Enzykliken undenkbar gewesen, weil nur kirchlich anerkannte »Autoritäten« zitiert wurden. Dass diese Tradition – wie schon in den Schreiben über die Liebe und die Hoffnung – durchbrochen worden ist, zeigt die geistige Tiefe und Weite eines theologischen Denkens, das den Glauben heute in seiner Wahrheit zu verstehen versucht.

Ein Weg in vier Etappen

Der Weg der Besinnung auf den Glauben durchläuft vier Etappen. Auf der ersten Etappe wird der Glaube vom Hören auf Gottes Wort her entwickelt, auf der zweiten in seinem Verhältnis zur Vernunft beschrieben, auf der dritten in seinem Bezug zur Kirche, auf der vierten in seiner Bedeutung für die Ethik.

»Wir haben die Liebe gläubig angenommen« – mit diesem Wort, das an den Ersten Johannesbrief angelehnt ist, wird im ersten Kapitel die Brücke zur Enzyklika über die Liebe geschlagen. Im Originaltext der Bibel ist von der Liebe die Rede, »die Gott zu uns hat« (1 Joh 4,16). Dieser Liebe schenkt der Glaube Vertrauen; zu ihr bekennt er sich. Die Enzyklika macht dieses Vertrauen an der Figur Abrahams fest, die das Christentum mit dem Judentum und mit dem Islam verbindet. Abraham wird als Wanderer, als Migrant, vor Augen gestellt, der weiter sieht als andere, weil er sich von Gott den Blick für die Zukunft hat öffnen lassen: dass er der Stammvater eines großen Volkes sein wird und dass er einen Nachkommen haben werde, der allen Völkern Gottes Segen bringe (Gen 12,1–3; vgl. Gen 18,18; 26,4; 28;14; Sir 44,21; Gal 3,6–14; Röm 4,11f.). Mit dem jüdischen Philosophen Martin Buber (1873–1965) verdeutlicht die Enzyklika die kritische und befreiende Kraft dieses Glaubens; in den Erzählungen der Chassidim sagt der Rabbiner von Kotz: »Wenn ein Mensch ein Gesicht macht vor einem Gesicht, das kein Gesicht ist, das ist Götzendienst.«[8] Nur Gott als Gott anzusehen und keine irdische Macht zu vergöttern – das ist die Freiheit des Glaubens. Jesus Christus kann nur in diesem lebendigen Glauben an Gott verstanden werden; in ihm hat das »endgültige Ja zu allen Verheißungen« (vgl. 2 Kor 1,20) einen Namen bekommen; seine Geschichte ist »der äußerste Ausdruck seiner Liebe zu uns« (Nr. 15).[9] Dieser Glaube, so führt die

---

8   Martin Buber, *Die Erzählungen der Chassidim,* Zürich 1949, 793.

9   In den drei Jesusbüchern ist dieses Thema ausgeführt: Joseph Ratzinger / Benedikt XVI., *Jesus von Nazareth. Erster Teil: Von der Taufe im Jordan bis zur Verklärung,* Freiburg – Basel – Wien 2007; *Zweiter Teil: Vom Einzug in Jerusalem bis zur Auferstehung,* Freiburg – Basel – Wien 2011; *Prolog: Die Kindheitsgeschichten,* Freiburg – Basel – Wien 2012.

Enzyklika aus, bringt das Heil (Nr. 19); er findet seinen Ort in der Kirche (Nr. 22).

»Glaubt ihr nicht, so versteht ihr nicht« – dieses Zitat aus der alten griechischen Übersetzung des (ursprünglich hebräischen) Jesajabuches (Jes 7,9) gibt das Thema des zweitens Kapitels an. Es behandelt das Verhältnis von Glaube und Vernunft. Diesem Thema hat Benedikt XVI. die Rede gewidmet, die er während seines Pastoralbesuchs 2006 in Regensburg gehalten hat.[10] Es ging ihm um ein Gespräch, in dem sich der Glaube auf die Fragen und die Kritik der Vernunft einlässt, um gereinigt und geweitet zu werden, in dem sich aber auch die Vernunft auf die Fragen und die Kritik des Glaubens einlässt, um gleichfalls gereinigt und geweitet zu werden. Die Enzyklika setzt diese Linie fort. Sie kritisiert eine Reduktion der Vernunft auf technische Funktionen; sie fragt aber auch, wie der christliche Glaube »dem Gemeinwohl in Bezug auf das rechte Verständnis der Wahrheit dienlich sein« kann (Nr. 26), und antwortet mit dem Vertrauen des Glaubens auf den Sieg der Liebe über den Tod. Die Enzyklika plädiert dafür, nicht nur das Hören, sondern auch das Sehen als Erkenntnisweisen des Glaubens gelten zu lassen. Sie weiß

---

10 Benedikt XVI., *Glaube, Vernunft und Universität. Die Regensburger Vorlesung.* Vollständige Ausgabe. Kommentiert von Gesine Schwan, Adel Theodor Khoury und Karl Kardinal Lehmann, Freiburg – Basel – Wien 2006.

darum, wie groß das Geheimnis des Glaubens ist, und stellt sich deshalb an die Seite all derer, die Gott suchen. Sie unterstreicht die Notwendigkeit der Theologie und hält sie zu einer Reflexion des Glaubens aus dem Glauben an.

»Ich überliefere euch, was ich empfangen habe« – mit diesem Wort des Apostels Paulus (1 Kor 15,3) ist das dritte Kapitel überschrieben, das sich der Kirche widmet. Sie ist die »Mutter unseres Glaubens« (Nr. 37), weil sie das Evangelium überliefert, die Gute Nachricht, die Glauben verdient; in der Kirche werden die Sakramente gespendet, die »Sakramente des Glaubens« sind (Nr. 40),[11] in erster Linie die Taufe und die Eucharistie; in der Kirche wird das Vaterunser gebetet und werden die Zehn Gebote gelehrt, die Gottes Barmherzigkeit verdankt sind und zur Barmherzigkeit führen sollen (Nr. 46). Weil es nur einen Glauben gibt, der von vielen gelebt wird (Eph 4,4f.), muss auch die Kirche eins sein, im Dienst des einen Gottes geeint. Den Glauben so zu lehren, dass diese Einheit gestärkt wird, ist die Aufgabe des kirchlichen Lehramtes (Nr. 49).

»Gott bereitet für sie eine Stadt« – so lautet das biblische Motto des letzten Kapitels. Im griechischen Text des Hebräerbriefes steht hier das Wort *polis* (Hebr

---

11 Die Enzyklika bezieht sich hier auf das Zweite Vatikanisches Konzil, Konstitution über die heilige Liturgie *Sacrosanctum Concilium*, 59.

11,16). Tatsächlich geht es zum Schluss der Enzyklika um die »Politik«. Der Glaube hat eine große ethische Kraft, nicht nur im persönlichen, sondern auch im sozialen Bereich. Die Enzyklika zählt nicht alle Felder politischer Aktivitäten auf. Aber sie setzt klare Akzente. Das besondere Interesse gilt der Familie. In der Debatte, die gegenwärtig in Deutschland und Europa geführt wird, ist diese Erinnerung besonders wichtig: Die »dauerhafte Verbindung von Mann und Frau in der Ehe«, getragen von der Annahme und Anerkennung der »geschlechtlichen Verschiedenheit«, fähig, »neues Leben zu zeugen, das Ausdruck der Güte des Schöpfers, seiner Weisheit und seines Plans der Liebe ist«, ist auch ein Ort, an dem der Glaube entdeckt und weitergegeben wird – zwischen den Eheleuten, aber auch in der Liebe zwischen den Eltern und ihren Kindern (Nr. 52). Ein zweiter Akzent liegt auf der Entwicklung einer Zivilisation der Liebe, die das menschliche Leben in jeder Phase aufs Höchste achtet: »Der Glaube lehrt uns zu sehen, dass in jedem Menschen ein Segen für mich gegeben ist, dass das Licht des Antlitzes Gottes mich durch das Gesicht des Bruders erleuchtet« (Nr. 54). Dieser Glaube tröstet, mitten im Leiden. Maria ist ein Mensch, der diesen Glauben gelebt hat. Mit einem marianischen Gebet endet die Enzyklika.

Ein Aufruf zum Wesentlichen

Die Enzyklika ist ein Aufruf zum Wesentlichen. Sie ist tief im katholischen Glauben verwurzelt und zugleich von großer ökumenischer Weite. In der Deutung der Rechtfertigungslehre ist sie ganz auf der Linie der »Gemeinsamen Erklärung«, die am Reformationstag 1999 einen differenzierten Konsens zwischen Katholiken und Protestanten besiegelt hat:[12] »Was der heilige Paulus verwirft, ist die Haltung dessen, der sich durch sein eigenes Handeln selbst vor Gott rechtfertigen will. Auch wenn er die Gebote befolgt, auch wenn er gute Werke vollbringt, setzt er sich selber ins Zentrum und erkennt nicht an, dass der Ursprung des Guten Gott ist. Wer so handelt, wer selbst die Quelle seiner Gerechtigkeit sein will, erlebt, dass sie sich bald erschöpft, und entdeckt, dass er sich nicht einmal in der Treue zum Gesetz halten kann« (Nr. 19).

Diese Rekonstruktion der Rechtfertigungslehre, die im Vorfeld des Gedenkens an 500 Jahre Reformation

---

12 Lutherischer Weltbund / Päpstlicher Rat zur Förderung der Einheit der Christen, *Gemeinsame Erklärung zur Rechtfertigungslehre. Gemeinsame offizielle Feststellung;* Anhang (Annex) zur gemeinsam offiziellen Feststellung, Frankfurt/M. / Paderborn 1999. Vgl. *Biblische Grundlagen der Rechtfertigungslehre.* Eine ökumenische Studie zur Gemeinsamen Erklärung zur Rechtfertigungslehre im Auftrag des Lutherischen Weltbundes, des Päpstlichen Rates zur Förderung der Einheit der Christen, der Weltgemeinschaft Reformierter Kirchen und des Weltrates Methodistischer Kirchen, Leipzig – Paderborn 2012.

neue Aktualität gewinnt, ist in eine Reflexion des Glaubens eingebunden, die auch die Verbindungen zur Orthodoxie stärkt: in der Bedeutung, die der Liturgie gegeben wird, in den Zitaten griechischer Kirchenväter des Ostens, in der Vorstellung des Glaubens als Licht, das erleuchtet ist und den Menschen erleuchtet.

Dieser Glaube an Gott kann durch einen Wissenschaftsglauben nicht ersetzt werden. Er kann aber durch die heutige Wissenschaft und Kultur an Stärke und Klarheit gewinnen. Denn so wie die Enzyklika ihn vorstellt, ist der Glaube an der Erkenntnis der Wirklichkeit interessiert. Er will realistisch von der Welt denken, weil er sie als Gottes Schöpfung ansieht. In dieser Welt aber fängt er ein Licht ein, das nicht von dieser Welt ist. Wo dieses Licht ausstrahlt, zeigt sich die Leuchtspur des Glaubens.

ANHANG

DIE AUTOREN DIESES BANDES

Papst em. Benedikt XVI.

Geboren als Joseph Ratzinger 1927 in Marktl am Inn, Dr. theol., Dr. h. c. mult., Professor für Theologie an den Universitäten Bonn, Münster, Tübingen und Regensburg; Berater von Kardinal Frings auf dem Zweiten Vatikanischen Konzil; 1977–1982 Erzbischof von München und Freising, 1977–2005 Kardinal; 1981–2005 Präfekt der Kongregation für die Glaubenslehre, Präsident der Päpstlichen Bibelkommission und der Internationalen Theologischen Kommission; zahlreiche Ämter, Mitgliedschaften und Ehrenmitgliedschaften in vatikanischen und internationalen Institutionen; 1986–1992 Präsident der Kommission zur Vorbereitung des Katechismus der katholischen Kirche (»Weltkatechismus«); 2002–2005 Dekan des Kardinalskollegiums; am 19. April 2005 als Nachfolger von Johannes Paul II. zum Papst gewählt. Unter der Doppelautorschaft Joseph Ratzinger / Benedikt XVI. verfasste er die weltweit beachtete Trilogie »Jesus von Nazareth« (Band I 2007, Band II 2011, Prolog 2012). Verzicht auf das Papstamt am 28. Februar 2013, seitdem Papa emeritus. Weiteres unter *www.vatican.va*

Papst Franziskus

Geboren als Jorge Mario Bergoglio 1936 in Buenos Aires, Argentinien. Ausbildung zum Chemietechniker, 1958 Eintritt in den Jesuitenorden. Ordensübliche Ausbildung und Lehrtätigkeiten in Chile, Argentinien und Spanien; Priesterweihe 1969. 1973–1979 Oberer der argentinischen Jesuitenprovinz, 1980–1986 Rektor des Kollegs »San José« in San Miguel, Argentinien; daneben Tätigkeit als Pfarrer. 1986 ein Semester Theologiestudium in Deutschland. 1986–1992 Seelsorger an Jesuitenkirchen in Buenos Aires und Córdoba, Argentinien. 1992 Ernennung zum Weihbischof für die Erzdiözese Buenos Aires und Bischofsweihe, 1993 zusätzlich Generalvikar. 1998–2013 Erzbischof von Buenos Aires; 2001 Erhebung zum Kardinal; 2005 Teilnahme am Konklave, das Benedikt XVI. zum Papst wählte; 2005–2011 Vorsitzender der Argentinischen Bischofskonferenz. 2007 Vorsitzender des Redaktionskomitees der Schlusserklärung der fünften Generalversammlung des Lateinamerikanischen Bischofsrates (CELAM); 2009 Initiator einer nationalen Solidaritätskampagne zur 200-Jahr-Feier der Unabhängigkeit Argentiniens. Am 13. März 2013 zum Papst gewählt. Weiteres unter *www.vatican.va*

Mit bürgerlichem Namen Georgios Labardakis. Geboren 1938 auf Kreta, Griechenland; Dr. theol. h. c.; 1956–1965 Theologie- und Philosophiestudium in Chalki (bei Istanbul), Salzburg, Münster und Berlin; 1977–1982 Lehrbeauftragter für Orthodoxe Theologie im Katholischen Seminar der FU Berlin; 1964–1972 Pfarrer der griech.-orth. Kirchengemeinde in Berlin (West und Ost); 1972 Bischofsweihe; 1972–1980 Vikarbischof der Griechisch-Orthodoxen Metropolie von Deutschland; seit 1980 Metropolit von Deutschland und Exarch von Zentraleuropa, dem rund 400.000 griech.-orth. Christen anvertraut sind. Engagement für das Miteinander von Griechen und Deutschen ebenso wie für die ökumenische Verständigung. 1973–1979 Vorsitzender des Ökumenischen Rates Berlin, 1978–2007 stellv. Vorsitzender der Arbeitsgemeinschaft christlicher Kirchen in Deutschland; 2006–2010 Vorsitzender des Vorstands und der Bischofsversammlung der Kommission der Orthodoxen Kirche in Deutschland (KOKiD), seit 2010 Vorsitzender der Orthodoxen Bischofskonferenz in Deutschland (OBKD); Vorsitzender mehrerer hochrangiger Delegationen und Kommissionen für den ökumenischen Dialog; Träger höchster deutscher und griechischer Auszeichnungen. Weiteres unter *www.orthodoxie.net*

Nikolaus Schneider

Geboren 1947 in Duisburg, Dr. theol. h. c. Nach dem Theologiestudium in Wuppertal, Göttingen und Münster Mitarbeit am Institut für neutestamentliche Textforschung in Münster; 1976 Ordination und Einsatz als Pastor; 1977–1984 Gemeindepfarrer in Duisburg-Rheinhausen, 1984–1991 Diakoniepfarrer in Moers, 1991–1997 Gemeindepfarrer in Moers, 1987–1997 zudem Superintendent des Kirchenkreises Moers; 1997–2003 Vizepräses, 2003–2013 Präses der Evangelischen Kirche im Rheinland. Seit 2003 Mitglied des Rates der Evangelischen Kirche in Deutschland (EKD), 2005–2010 Vorsitzender des Aufsichtsrates des Evangelischen Entwicklungsdienstes und 2009–2010 Vorsitzender des Diakonischen Rates der EKD. Seit 2010 ist Nikolaus Schneider Vorsitzender des Rates der EKD. Er lebt in Berlin, ist seit 1970 verheiratet und hat drei Kinder und drei Enkelkinder. Über den Krebstod seiner jüngsten Tochter hat er mit seiner Frau Anne ein Buch veröffentlicht. Er ist Träger der Buber-Rosenzweig-Medaille und des Leo-Baeck-Preises. Weiteres unter *www.ekd.de*

ERZBISCHOF ROBERT ZOLLITSCH

Geboren 1938 in Philippsdorf (heute Filipovo, Serbien), Dr. theol., Dr. theol. h. c. Nach Lagerhaft, Flucht und Vertreibung kommt er mit seiner Familie 1946 nach Oberschüpf in Tauberfranken, 1953 nach Mannheim. 1960–1964 Theologiestudium in Freiburg i. Br. und München, 1965 Priesterweihe; Seelsorgetätigkeiten in Gemeinden und in der Priesterausbildung; 1974 Promotion. 1974–1983 Direktor des Erzbischöflichen Theologenkonvikts Collegium Borromaeum in Freiburg; 1983–2003 Personalreferent der Erzdiözese Freiburg. 1984–2003 Mitglied des Freiburger Metropolitankapitels. Von Juni 2003 bis September 2013 Erzbischof von Freiburg. In der Deutschen Bischofskonferenz 2003–2006 Mitglied der Glaubenskommission, seit 2003 Mitglied der Kommission für Geistliche Berufe und Kirchliche Dienste; 2004–2008 Vorsitzender des Verwaltungsrates sowie des Verbandsausschusses des Verbandes der Diözesen Deutschlands (VDD). Seit Februar 2008 Vorsitzender der Deutschen Bischofskonferenz, seit 2012 Mitglied im Päpstlichen Rat für die Neuevangelisierung. Im September 2013 nahm Papst Franziskus das Angebot des altersbedingten Amtsverzichts als Erzbischof von Freiburg an und betraute ihn zugleich als Apostolischen Administrator mit der weiteren Leitung der Erzdiözese bis zur Ernennung eines Nachfolgers. Weiteres unter *www.dbk.de*

REGISTER

Die Einträge im Register beziehen sich auf die Nummern der betreffenden Abschnitte der Enzyklika *Lumen fidei*.

Register der Personennamen

Register der Bibelstellen

Register der Quellentexte und Dokumente

Register der Themen

Papst Franziskus

»Und jetzt beginnen wir diesen Weg«

Die ersten Botschaften des Pontifikats

128 Seiten, gebunden mit Schutzumschlag
ISBN 978-3-451-33455-9

Die ersten Reden von Papst Franziskus ließen sogleich auf-
horchen. Für ihn ist klar, dass die Kirche nicht nur lehren
kann, sondern auch lernen muss, dass sie Reformen braucht,
dass sie an die »Ränder« der Gesellschaft und der Existenz
gehen muss, um die Botschaft von der Barmherzigkeit Gottes
glaubwürdig zu bezeugen.

Alle wegweisenden Texte der ersten Zeit im Amt, ergänzt um
sein aufsehenerregendes Statement aus den Kardinalsberatun-
gen vor seiner Wahl und um ein kurzes Lebensbild.

*»Jeder Papst muss für dieses Amt seinen eigenen Stil finden. Bei
Papst Franziskus hat es den Anschein, dass er diesen bereits in
den ersten Tagen seines Pontifikats gefunden hat.«*

Erzbischof Robert Zollitsch

HERDER

Jorge Mario Bergoglio / Papst Franziskus

Über die Selbstanklage

Eine Meditation über das Gewissen

80 Seiten, kartoniert
ISBN 978-3-451-33451-1

»Dieses kleine Buch ist eine Anleitung zur geistlichen Lebenskunst. Als Grundlage dafür dient ein spätantiker Text des östlichen Mönchtums, den Dorotheus von Gaza verfasst hat. Die Einleitung von Erzbischof Bergoglio, dem heutigen Papst Franziskus, bettet den spätantiken Text in den zeitgenössischen Kontext ein und geht sehr lebensnah von der Unsitte aus, schlecht über andere Mitmenschen zu reden und Verdacht gegen sie zu hegen oder auszustreuen. Diese neue Einbettung des alten Textes setzt spirituelle Einsichten frei für den heutigen Leser und die heutige Leserin, die sich auf den Weg realistischer Selbsterkenntnis und Gottsuche machen.«

Michael Sievernich SJ

HERDER